慈愛の力 奇跡の力

ヒマラヤ大聖者

ヨグマタ相川圭子

Yogmata Aikawa Keiko

ヒマラヤ秘教・
ヒンドゥー教・仏教
出会いと生き方

さくら舎

はじめに

私は稀有《けう》な縁でヒマラヤ秘教に出会い、ヒマラヤの秘境で、「究極のサマディ」（サマディとは仏教で使われる三昧《さんまい》、解脱《げだつ》、あるいは涅槃《ねはん》）に達し、神我一如《しんがいちにょ》に没入しました。真の自己になり、神と一体になったのです。

この究極のサマディをなす人をヒマラヤ大聖者といい、シッダーマスターともいいます。ヒマラヤ大聖者はヒマラヤにわずかにいて、その多くはサマディに没入しています。下界《げかい》にはほとんど下りないので、通常は会うことはできないのです。

私は、究極のサマディを成就《じょうじゅ》し、それから何年もいろいろなヒマラヤの秘境を訪れて、究極のサマディを行っていきました。

その後、私のマスターであるハリババジの命《めい》により、真理の証明をするために、インドの各地で、15年間にわたって、合計18回ものアンダーグラウンドサマディを行い、人々に愛と平和と真理をシェアしました。アンダーグラウンドサマディについてはのちに述べさせていただきます。

そして、ヒマラヤの聖者から「宇宙の母」を意味する、「ヨグマタ」の称号を授《さず》かりました。

また、インド最大のスピリチュアル協会から、「マハ・マンダレシュワリ」という最高指導者の称号をいただきました。マハとは偉大、マンダラは宇宙、そしてシュワリはイシュワリであり神を意味します。つまり「宇宙の神である師」という意味です。


二〇一六年六月二十日、国連での「国際ヨガデー」の特別ゲストとして招かれ、内なる平和のメッセージを伝えました。

二〇一六年十月二十八日と二〇一七年五月十九日にも、国連本部での平和のイベントの主賓《しゅひん》として招かれ、メッセージを届けました。

地球環境を整え、世界平和を実現することは国連の働きです。そして、個々人の真の平和が世界の平和をつくり出します。

この人間という小宇宙を整えて最高の人間に進化することは、究極の悟りに至ることで得られるのです。そのエネルギーのシェアで多くの人が進化しはじめるのです。その秘密の教えがヒマラヤの教えにあります。

究極のサマディの成就者は、個人のなかにも平和をつくり出すことができるカギを握っているとして、私が国連の推薦を受けたのです。

ヒマラヤ大聖者は、究極のサマディで心身を浄めつくし、スーパーコンシャスネス（神）となり、真理となったのです。

その存在からのエネルギーは、アヌグラハという神の恩寵《おんちょう》となり、人を変容させます。その存在は人のカルマを浄化し、引き上げ、救済する力があります。ヒマラヤの聖者を橋とした神への信頼と祈りは、あなたの守りとなり、願いが成就していきます。

そして、限りない慈愛を体現した聖なる存在として、日本では観音さまが広く知られています。観音さまはたくさんの仏さまのなかでも、多くの日本人が親しみを持って信仰している仏さまです。観音さまへの信仰を勧める「観音経《かんのんぎょう》」は、日本でもっとも親しまれている大乗仏教の経典「法華経《ほけきょう》」に収められています。

慈愛を表す観音さまの考察を通して、仏教とヒンドゥー教の教えの意味と、ヒマラヤ聖者の神を体験したところから信仰を見つめ、人間にとって今何が大切かを考えたいと思います。

観音経は「観音さま（観音菩薩《ぼさつ》）を深く信仰していると、絶体絶命の状況でも、大丈夫ですよ。観音さまを信仰すれば、観音さまがさまざまにお姿を変えて現れ、偉大で不思議な力を発揮して、必ず救ってくださるのです」と説いています。

観音さまは、観音菩薩、観世音《かんぜおん》菩薩、観自在《かんじざい》菩薩とも呼ばれています。サンスクリット語から漢訳された時代、地域、解釈により、さまざまな名前があります。

観音さまは、三十三相に「変化《へんげ》する」（姿を変えて現れる）といいます。観音さまを信仰すると、人々を救済するために、聖《しょう》観音、不空羂索《ふくうけんじゃく》観音、千手《せんじゅ》観音、如意輪《にょいりん》観音など、そのとき必要な役割の観音さまが出現してくださるというのです。

これは、仏教がバラモン教のアイディアを取り入れたものです。バラモン教は、仏教以前のインドの宗教で、その後ヒンドゥー教になりました。

観音さまについてのお経である観音経には、奇跡といわれるような功徳《くどく》がたくさん記されています。慈愛の奥深さと、信仰心の力、仏さま（神さま）を一心不乱に信仰することの大切さが説かれているのです。

今この日本で、観音経に説かれているような奇跡を、ヒマラヤ秘教の実践者は、日々いただいています。

なぜならそこに、神秘の力を引き出す、生きた悟りのマスターの祝福と信仰、解脱に導くヒマラヤ秘教のみが持つ、アヌグラハという生きたマスターの恩寵、命の科学および各種秘法による実践の科学があるからなのです。

本書は、観音経を通して、信仰とは何かを理解し、ヒマラヤ秘教により、自分を信じ、神を信じ、社会生活のなかで修行することによる、最高の悟りの可能性を説くものです。

悟りへのプロセスで、菩薩のような美しい理想の人間へと磨かれ、苦しみが取り除かれます。

ヒマラヤ秘教には、今までの世界のさまざまな教えでは不可能であった、根本から運命を変える力があります。

この本を通じて、あなたが悠久《ゆうきゅう》の真理を理解し、真の幸福への道、真理への道、悟りへの道を歩んでいただくように、祈念してやみません。

そうして、ぜひとも、まわりに愛の光を放つ、本物の慈愛の人になってくださるように祈っています。

ヨグマタ相川圭子《あいかわけいこ》

目次◎ヒマラヤ大聖者　慈愛の力　奇跡の力

第2章　信仰が心にパワーをもたらしている

第3章　カルマに翻弄される生き方を変える

第4章　マントラで人生に奇跡が起きる

第5章 慈愛の力で純粋な人になる

第6章　真理を体験する生き方

第7章　人は善行で苦難から免れることができる

第8章　すべての人に智恵の光がある

第9章　真の幸福を得る生き方

第10章　新しい生き方が始まる

「ヒマラヤ秘教」の用語集

アヌグラハ　Anugraha

「神の恩寵《おんちょう》」のこと。人間を含め、すべてを創造した至高なる存在、ハイヤーコンシャスネスからくる神のパワー、秘密のエネルギー。科学的に表現すると原子力のパワーといわれるが、実際にはそれ以上の威力がある。アヌグラハの力によって、私たちは速《すみ》やかに内側を浄化し、変容させることが可能となる。

アンダーグラウンドサマディ　Underground Samadhi

地下で行うサマディのこと。完全に密閉され、水、食物、充分な空気もない神聖な地下窟《ちかくつ》で行われる。

カルマ　Karma

日本語では「業《ごう》」といわれ、思いと行為のこと。考えること、思うこと、感じること、行動することはすべて内外の行為であり、それは記憶となって体と心にその印象が刻まれる。そして外からの刺激により、それが活性化され、カルマの記憶は再びカルマのアクションを引き起こす。

クリヤ　Clear

アクション（行為）という意味。アヌグラハの恩恵のもと、呼吸法、調息などの所作《しょさ》により、エネルギーレベルから浄化し、変容させる。

グル　Guru

グルとはヒンディー語で、「グ」は暗闇、「ル」は光の意味。闇から光に導く存在。マスター、精神的指導者のこと。また、今では精神的指導者のみではなく、すべての先生を指すポピュラーな言葉となっている。

サマディ　Samadhi

サマディは光明、悟り、エンライトメントともいわれる。サマディにもいくつかの段階があるが、真のサマディ（究極のサマディ）は、すべてのカルマを浄《きよ》め、心を超え、心臓・呼吸も含めたあらゆる生命活動を止め、死を超えて、純粋な存在になること。

サマディマスター　Samadhi master

ヒマラヤ聖者のなかの、真のサマディを行い、悟りを得たシッダーヨギのこと。（シッダーマスターと同義）

サンカルパ　Samkalpa

神の意志力に基づく、神聖で純粋で強力な、祈りや思念のこと。

サンスカーラ　Samskara

過去生からのカルマの記憶で、未来に影響を与える因子。サンスカーラによって、この世に生まれ、どこの国に生まれるか、どの両親の間に生まれるかも決まっている。

シッダーマスター　Siddha master

ヒマラヤ聖者のなかの、真のサマディを行い、悟りを得たシッダーヨギのこと。

シャクティパット　Shaktipat

心身、魂の深いレベルでのパワー（エネルギー）伝授。直接触れることもあれば、間接的にエネルギーの伝授が行われることもある。シッダーマスターからのシャクティパットは、アヌグラハという源泉からのグレイス（恩寵）となる。

ダルシャン　Darshan

聖なる出会い、マスターとともに座ること。

ディクシャ　Diksha

「伝授」という意味で、エネルギーの伝授、秘法の伝授など、さまざまなディクシャがある。また、「イニシエーション」を指すこともある。

ヒマラヤ大聖者　Himalayan Siddha master

ヒマラヤに住むすべてのサドゥ、修行者はヒマラヤ聖者と呼ばれる。真理を知るため、宇宙の法則に従って正しく生き、タパスという苦行《くぎょう》をする。そのなかで、真のサマディに到達したシッダーマスターのことを「ヒマラヤ大聖者」という。

プラーナ　Prana

目に見えないところで、人間の機能を司《つかさど》っているのがプラーナ。日本語でいうと「気」。

ブレッシング　Blessing

意識の高い人からの祝福、聖者やブラーミン（司祭）から祝福と恵みや、高い次元のエネルギーをいただくこと。

マスター　Master

精神的指導者。グルのこと。

マントラ　Mantra

いわゆる「真言《しんごん》」に相当する、聖なる波動を持つ言葉。シッダーマスターからディクシャを通して伝授されるマントラは、特別なパワーを持つ。

ヤギャ　Yajna

日本の「護摩焚《ごまた》き」の原型になっているもの。聖なる火が、アストラルという細やかな目に見えない世界に通じ、神の力を引き出す。なかでもシッダーマスターが行うヤギャは、特別な効果があり、強力な浄化と繁栄をもたらす。人生の成功のため、病気の平癒《へいゆ》や願望の成就、先祖の供養《くよう》などの目的で行われている。

ヨギ　Yogi

本来は最高のサマディに達した人（ヨギニは女性）のこと。ただヨガをする人という意味ではない。

ヒマラヤ大聖者　慈愛の力　奇跡の力

——ヒマラヤ秘教・ヒンドゥー教・仏教　出会いと生き方

第1章　究極の真理を求める

人は、小さなひとつの宇宙

人類は、幸福になることを願ってきました。

そうして、すべてのことを知りたいと思い、宇宙や自然の謎を探求してきました。

私は究極の真理を求めて、冬は極寒《ごっかん》の地として知られる海抜５０００メートル以上のヒマラヤの秘境に赴《おもむ》き、ヒマラヤ大聖者の師のガイドで修行を積みました。

私は天にまで突き抜けるような大空の下に広がるヒマラヤ秘境の洞窟《どうくつ》で修行を行いました。はてしない大宇宙につながるこの体は小宇宙です。そこには多様で、限りないエネルギーがあり、それを鎮《しず》め、一つにしていったのです。

自分というこの小宇宙は、大宇宙から分かれたものであって、そこには宇宙の素材がすべてあるのです。そしてこの壮大な宇宙は、引く力（引力）と、排斥《はいせき》する力とのバランスで成り立っています。

私はヒマラヤ秘教の修行を重ね、宇宙の仕組みや人間の心と体の秘密、生と死を超え、そこにある真理、人間の運命の謎などに気づいたのです。

そうして、ついに真理になり、最終の悟りの究極の境地「サマディ」に到達したのです。

そのことは、のちに述べてまいります。

ヒマラヤ秘教とインドのヴェーダ哲学

ヒマラヤ秘教は、インドのヴェーダ哲学の源流ともなった、五千年とも一万年ともいわれる教えであり、思想であり、哲学です。それはまた、実践を通じて真理になり、本当の愛と本物の悟りに至る本格的な修行法を含む教えです。

その秘密の奥深い教えは、ヒマラヤ聖者たちによって、膨大《ぼうだい》な年月にわたり、途絶《とだ》えることなく伝えられ、脈々と受け継がれ、現代に至っています。

その教えと思想は、ヒンドゥー教や仏教に取り入れられてきました。

仏教は、そのヒマラヤの教え、そしてまたヴェーダの教え、バラモン教の教え（ヒンドゥー教の前身）の影響を深く受けています。また仏教には、ブッダに帰依《きえ》する観音さまへの信仰の奇跡が書かれている「観音経《かんのんぎょう》」があります。その観音経と人類の叡智《えいち》ともいえるヒマラヤ秘教について知ることで、双方に共通する信仰の尊さと神と仏の理解が深まるのです。

インドのヴェーダ哲学は、膨大な知識の体系です。そのなかには、偉大な生き方の教えがあります。生きている人々を救うための教えもあります。

ヒマラヤ聖者は、秘められた人間の力を開発した神秘の存在として、人々からたいへん尊ばれています。最終の解脱《げだつ》、究極のサマディをなして神になった人として、祝福の存在、祈りの対象として尊ばれているのです。

深い修行をつづけてストレスがなくなると、人間が本来持っている、眠っているエネルギーが開発されるのです。

それを人は、「奇跡的な力」「奇跡」と呼びます。

そういう神になる教えは口伝《くでん》で受け継がれます。公開されません。今なお、その掟《おきて》は守られています。その一端《いったん》は、ヴェーダ哲学の文献に記されています（このことは『ヒマラヤ大聖者 愛の般《はん》若心経《にゃしんぎょう》』で述べてあります）。

私はヒマラヤ聖者のヴィヤーサという人がヴェーダを編纂《へんさん》したといわれる洞窟を訪れ、感慨深いものがありました。インドに伝わる叙事詩も、その方によって語られました。

宇宙には三つのエネルギーがある

ヒマラヤの聖者は究極のサマディにて真理を体験し、この宇宙の仕組みを解明しました。その智恵がヴェーダという古来のインド哲学に記されたのです。

そこには、現代の科学ではいまだ解明されていない真理があります。

宇宙には「ブラフマン」という至高の、究極の存在があります。人はそれを神と呼びます。

そして、それが三つのエネルギーとなって分かれているのです。創造し生み出す力（ジェネレーター〔Generator〕）、維持する力（オペレーター〔Operator〕）、破壊と変容の力、源に還《かえ》る力（ディストラクター〔Destructor〕）、の三つです。

英語のＧＯＤ（神）はそれら三つの働きを表しています。

「ブラフマー」は、ＧＯＤのＧを表し、ジェネレーターです。創造するエネルギーです。

「ヴィシュヌ」は、ＧＯＤのＯを表し、オペレーターです。維持するエネルギーです。

「シヴァ」は、ＧＯＤのＤを表し、ディストラクターです。破壊と変容をするエネルギーです。

この三つの偉大なエネルギーのそれぞれが最高神です。

それらのなかでも、ヴィシュヌ神とシヴァ神が、多くの信仰を集めています。ブラフマー神は、もう人は生まれてしまっているから、創造する力はいらないということで、あまり人気を集めてはいません。

三つのエネルギーと体との関係

三つのエネルギーは宇宙に働くエネルギーですが、私たちの小宇宙の体のなかにも、このエネルギーが働いています。

体の中に渦《うず》を巻いて働いているエネルギーのセンターがあります。

体の下の部分のエネルギーのセンターは「ジェネレーター」のブラフマー神の力が働いています。肉体を支えて、性的なことをつかさどり、ものを作り出す機能があります。

そして、おへそから喉《のど》までを「オペレーター」のヴィシュヌ神がつかさどります。おへそには太陽神経叢《しんけいそう》があり、内臓の働きを助けます。食物を消化吸収して活動的なエネルギーに変えて体を維持します。さらに胸は心にもかかわっています。

胸の奥のハートのセンターは、宇宙的な愛のセンターです。強い信仰心によって、神からのパワーを引き出していくのです。

慈愛が問題を解決します。慈愛は、生きることを楽にし、サポートしてくれるのです。

頭頂や眉間《みけん》や喉元など、体の上部はシヴァ神がつかさどっています。

喉元が浄化されると、自己（本来の自己）の悟りを促《うなが》します。喉は言葉への理解と話す力を助けます。眉間で智恵が開かれると、エゴが破壊され、平和になります。そして頭頂のセンターは生命力や悟りにつながっています。

シヴァ神は形のあるものを破壊し、源《みなもと》に戻らせます。悟りをつかさどるエネルギーです。それによって宇宙的な意識に進化していきます。


こうしてそれぞれが浄《きよ》められることで、平和になっていくのです。そして最高の悟りに向かっていくのです。

体と心には、カルマが積まれています。ヒマラヤ聖者はこれらのエネルギーセンターをすべて浄めたのです。信仰と実践によって、この三つのエネルギーを浄め、能力が開発されて悟りに導かれていくのです。

自然を構成する五つの要素

宇宙の創造物は見えないところから現れました。

それらの宇宙の構成要素は五つあります。土、水、火、風、空の各要素です。人の体の宇宙も、それと同じ要素で構成されています。

さらに、その要素には異なる質があります。濁っている（タマス）、活動的（ラジャス）、純粋である（サットヴァ）です。その三つの性質、つまりクオリティをグナといいます。

グナは人間を構成する性質でもあります。それぞれの要素が混ざりあって、生きることを助けています。

その働きについていえば、創造と生命力のブラフマー神が、サットヴァのエネルギーに対応します。また、維持と愛のヴィシュヌ神が、ラジャスのエネルギーに対応し、さらに破壊と創造のシヴァ神のエネルギーが働いてなされる力が、タマスのエネルギーに対応します。

それらを浄め、センターの働きを強めることに、グナの働きがあります。

皆さんはそれによって変容し、より良い人格になり、さらには悟っていくことができるのです。

仏さまが信仰の対象となり、観音さまが登場してきた事情

ヒマラヤ秘教は、ヴェーダ哲学の秘密の教えの部分です。悟りを実際に目指す真理の教えです。

一般の人々は、ヒンドゥー教でシヴァ神や、ヴィシュヌ神を信じ、恵みをいただいています。

それらをガイドするマスターを訪ね、マスターとそれらの神を信仰して、守りをいただき、願いを叶《かな》えていくようにしています。

ブッダ（仏陀。お釈迦《しゃか》さま）は、インドの伝統によって出家《しゅっけ》して悟りに至りましたが、その教えあるいは理論に関することは、インドの在来の宗教であるバラモン教（ヒンドゥー教の前身）の影響を受けています。

そのブッダが亡くなられて、仏教は力強い、生きたマスターのガイドを失いました。そこで在家の人が楽に救われるために、仏さまが信仰の対象となったり、観音さまが登場することになったりしました。

そして大乗《だいじょう》仏教の指導者は、信仰を通して多くの人々を苦しみから救うために、さまざまな経典を、方便としてつくったのです。それは多くの人にとって、少しでも楽に生きていく救いになったことでしょう。

愛をつかさどるヴィシュヌ神

人や自分を愛するのみでなく、神さまを愛し、信じていくということが、インドの教えのなかには深く浸透しています。

神に献身して、神を愛することをバクティといい、インドではこれを実践する流派が九〇パーセントを占めています。

神を信じてパワーを引き出すのです。神さまから祝福、ブレッシングをいただけるのです。そして神の守りをいただき、願いを叶えていきます。

ヴィシュヌ神は慈愛の神であり、愛を与え、維持して、生きることを支える存在として、たいそう尊ばれています。人々は、ヴィシュヌ神を信じ、愛する気持ちをはぐくんでいくのです。普通の生活をしている人や、家庭生活を営んでいる人たちなどが信仰しています。

人間としての自然な生き方

現代人や知識人は、エゴや自我を強めることで生きることを教えられてきました。ですから見えない神への信仰を依存とみなして、弱いと思い、嫌う傾向があります。

しかし、この見える世界を最初に創ったのは人間ではありません。また植物、動物も、元をただせば神の力で創造されたのです。

私たち自身、ただ食べ物という物質で生かされているのではないのです。この体も、神秘の力が働いて、こうして目に見える形につくられ、生かされています。何をするのにも神の力が働き、維持されているのです。

この見えないもの、尊い存在を信じないということは、自分を生んで育ててくれた親がいないと思うのと同じです。それでは、本当の親の存在を認めず、尊敬もしないで、自分の力で生まれ育ったと考えている「おごりの人」ということになります。

見えない存在、本当の自分を本当の親として信頼し、自然界のパワーをいただいて生きる姿は、人間としての自然な生き方なのです。

ブッダはヴィシュヌ神の変化身

ヴィシュヌ神は、十の姿に化身《けしん》（サンスクリット語でアヴァターラ、英語でインカーネーション）するといいます。

ヴィシュヌ神は輪廻転生《りんねてんしょう》します。生まれ変わります。つまり再誕するのです。

化身のひとつにラーマがあります。そのラーマを主人公とする長編叙事詩であり、聖典でもあるのが「ラーマーヤナ」です。

そのほか、ナラヤーナに生まれたり、クリシュナに生まれたり、ブッダに生まれることもあります。インドでは、ブッダはヴィシュヌ神の九番目の生まれ変わりとして考えられています。

仏教はヒンドゥー教のなかから生まれたので、ブッダをヴィシュヌ神の化身のひとつに組み込むことで、その関係性を認識させたのではないでしょうか。

そして、ブッダがいろいろと人を助けたことから、救済の存在である観音さまは、悟りを得る前世のブッダの姿ととらえています。

ヴィシュヌ神を祀《まつ》る寺院は、インド中に何万とあります。ヒンドゥー教徒の一般の人や、あるいはサドゥ（出家の修行者）など多くの巡礼者を集めています。

その巡礼にはいろいろなやり方、回り方が決められており、人々はそれに従って巡礼し、信仰を深めます。

絶大な信仰を集めるシヴァ神

シヴァのエネルギーは、変容のエネルギーです。（ヴィシュヌの）エネルギーが、さらに変化をしていくエネルギーです。シヴァのエネルギーはまた、「タマス（闇）のエネルギー」です。そのエネルギーによって、体を使って働いて、いろいろなものをつくったり、あるいは考えたりしているのです。さらにすべて形のあるものを変容させ、純粋にします。

シヴァ神には良い悪いという別はなく、すべてを破壊します。そして変容させ、死を超えて、究極のゼロになっていく、悟りの神さまです。

それは、形を変容する破壊的なエネルギーです。人はこのエネルギーで、濁っていたものを全部変容させ、死を超えることができるのです。シヴァは、すべてを生まれ変わらせる力を持つのです。

誰もが死にたくはありません。人は生きていて死の恐怖を抱いているので、すべてを超え、死を乗り越えていくシヴァ神は、篤《あつ》い信仰を集めています。

シヴァは輪廻転生しません。自分で体をつくって現れるのです。

シヴァにはいろいろな名前があり、それぞれの側面があり、それぞれの性質の姿を現します。一千もの名前がついています。

マハーデーヴァ（すべてを統一する偉大な神）、シャルベーシャ（羽のある獅子）は、シヴァとヴィシュヌの化身でもあり、獅子と戦います。

ガンガーダラ（ガンジスを受け止める神）、シャンカラ（幸せを与えてくれる神）、カーラ（時間の神）などの別名もあります。

ナタラージャ（舞踏神）は、踊る神さまです。それは、シヴァの活動的な面です。シヴァが何かを創ろうとしたときにはダンスを行い、何かを変えるときもダンスをします。その影響からか、インドの人々は、歌と踊りが大好きです。

バイラヴァ（恐怖と殺戮《さつりく》の神）という別名もあります。これは、シヴァには悪と戦い、浄める力があるということです。

インドには、シヴァを祀る寺院があちらこちらにあり、人々はこぞって寄進《きしん》（布施《ふせ》）し、寺院を建て運営していきます。一般の方々は、それらの寺院に巡礼するのです。

シヴァとヴィシュヌとブラフマーの三神と、その信仰

ヒマラヤのケダルナートにシヴァの寺院ができた由来《ゆらい》について、こんな話があります。

司祭を殺した王様のパンドバが、不可触民《ふかしょくみん》の階級に落とされ、誰からも疎《うと》まれていました。

パンドバは、シヴァにタッチすると、そのカルマが浄まるということを聞き、シヴァを探します。そのとき、シヴァはヴァファファローという牛に化身して、洞窟《どうくつ》に逃げました。

それを見つけたパンドバが、ヴァファファロー（シヴァ神）の腰のあたりにタッチしました。

そのことにより、ケダルナートのその場に、ヴァファファローの下半身が残されました。そこが、シヴァが祀られたケダルナート寺院になりました。

ヴァファファローの頭は、ネパールのカトマンズにまで空中を飛んでいき、パシュパティナートのシヴァの寺院になりました。

パシュは動物、パティはマスターを表し、パシュパティで獣の神という意味になります。

パシュパティナート寺院では、浄化がすみやかに起きるとされ、多くのヒンドゥー教徒が参詣《さんけい》しています。

観音さま、観世音菩薩さまの名前のサンスクリット語の意味にも、シヴァ神の要素が取り入れられています。それは、高次元の存在という意味です（後述します）。

すべてのものの根源にある最高神が、シヴァ神とヴィシュヌ神とブラフマー神です。

インドでは、シヴァ信仰とヴィシュヌ信仰のふたつに大きく分かれています。ブラフマー信仰もあることはありますが、ごくわずかです。

ヴィシュヌは愛の神で、繁栄を望む信者を集めています。ブッダはヴィシュヌの生まれ変わりです。

仏教は、商売に携《たずさ》わる人たち（インドでは、ビジネスカースト）が信じていました。なぜなら、仏教は戒律が厳しく、漁業に携わる人などは、非殺生の戒律を守ることができないからです。

シヴァは自分で生まれるので、その力を信じて悟りを目指す多くの修行者がシヴァ神を信仰しています。

至高なる存在のブラフマンは、どこにでも遍在していますが、形がないため、思うことが難しく、人気がありません。

小乗仏教と大乗仏教のあり方

修行についていえば、お釈迦さま自身は苦行をしたのですが、仏教は苦行をしないというような考え方が広まってしまいました。

お釈迦さまが逝去《せいきょ》された後、さらに多くの人々が、出家の集団の小乗《しょうじょう》仏教から、在家《ざいけ》の人がたくさん集まり、街なかでも一種の修行ができる大乗《だいじょう》仏教に変わっていきました。

小乗仏教は、お釈迦さまの教えを守って、修行をして悟りを得ようとする仏教。一方、大乗仏教は、お釈迦さまの教えを説いて広めることを大切にし、そのことを一種の修行と見なすものといえるでしょう。

この小乗仏教の「乗」とは、悟りの彼岸《ひがん》（向こう岸。悟りの世界のこと）に渡してくれる「乗り物」のことで、教えを意味します。

大乗仏教はサンスクリット語でマハヤーナ（大きな乗り物）といい、小乗仏教はヒナヤーナ（小さな乗り物）といいます。「マハ」は、大きな、偉大な、優れた、という意味ですから、小乗仏教という言葉は、大乗仏教の側からの、いわば見下《みくだ》した言い方であるわけです。

いわゆる小乗仏教の側では、上座部《じょうざぶ》仏教（上座は長老という意味）とか、部派仏教とか、長老派仏教、南伝仏教（南の地域に伝わった仏教という意味）という言葉が使われています。

小乗仏教は出家をして修行を行うので、在家ではいろいろなしがらみがあって、それはできません。

そんなわけで、大乗の人は小乗の人のことを、自分だけ出家してセルフィッシュだ、といった具合に思ってきたようです。

私はそうは思っていません。そういう、本当の真理を求めて出家し、厳しい修行の生活を送る人も、百人にひとりぐらいはいたほうがよいのです。貴重な存在です。

私が主宰するサイエンス・オブ・エンライトメントでは、大乗と同時に、小乗も行っているのです。私自身がそうだからです。

まず真理の学びをするには、日常生活のなかで、人とのつながりのなかで気づき、学びます。

インドで親しまれているたくさんの神さま

幸せになるために、インドの人々もいろいろな神を信じています。シヴァ神、ヴィシュヌ神の最高神だけでなく、ジャグダンバという、宇宙の母なるエネルギーを篤く信仰しています。

インドは多神教の世界ですから、目に見えない宇宙を創るいろいろなエネルギーを、神さまとして深く尊敬し、信仰しているのです。

インドでは、ヴェーダが土着の信仰を排除するのではなく、そのまま取り込んだので、たくさんの神さまが、その地域や性質によって増えたのです。

そのなかには、ブッダを祖とする仏教、マハービーラを祖とするジャイナ教もあります。

インドでは、宇宙の源の至高なる存在からのさまざまなエネルギーを、わかりやすく神さまや仏さまにし、神像や仏像を作り、それらの物語を作りました。

ブッダ亡き後、弟子によって多くの経典が編纂《へんさん》されて、仏教の教えが広まっていきました。

ところが、インドでは中世から、仏教は全部なくなったのです。仏教徒はヒンドゥー教との真理の討論に負けてサレンダー（明け渡す）したのです。

さらにイスラム教の王がインドに侵入して征服したことも、仏教がなくなっていった理由であると思います。

戦後、弁護士になったシュードラカースト（隷属民）の人が、どうしたら低いカーストである不可触民を助けられるかと考えました。

彼が得た答えは、仏教徒になることでした。そして彼が仏教徒になるとともに、多くの階級の人が、次々と仏教徒になりました。

ですから、今のインドには、わずかではありますが、仏教徒がいます。

日本に渡ってきた、さまざまな神さまと仏さま

日本でもよく知られているガネーシャという神さまは、象の頭を持ち、太っています。富と豊かさを象徴する神さまです。商業の神、災《わざわ》いを取る神、智恵の神、学問の神というふうに、いろいろな功徳《くどく》のある神さまでもあります。

夫婦和合の功徳があるとして、日本で人気のある歓喜天《かんぎてん》（聖天《しょうてん》さま）は、ガネーシャに由来します。

またインドでは、自然の神さまを信じます。嵐の神、海の神、川の神、水の神など、いろいろな神話が伝わっています。

京都に行くと、お寺にいろいろな仏さまが祀《まつ》られ、インドの神さまが仏教に取り入れられ、仏さまや如来《にょらい》、菩薩になっています。

「如来」とは「悟りを得たもの」という意味で、釈迦牟尼仏陀《しゃかむにぶっだ》もそうです。

大乗仏教ではインドの神々がいろいろな仏になっています。

インドの神さまのサラスワティーは学問と芸術の女神であり、智恵の神さまです。ブラフマー（梵天《ぼんてん》）神の奥さんです。仏教に取り入れられて、日本では、七福神の一つの弁財天（弁天さま）となり、信仰を集めているようです。

ラクシュミーは、美と幸福と豊穣《ほうじょう》の女神です。ヴィシュヌ神の妻とされています。ラクシュミーは仏教で吉祥天《きっしょうてん》となり、吉祥寺《きちじょうじ》に祀られています。

マンジュシュリーは、智恵をつかさどる神さまです。仏教で文殊《もんじゅ》菩薩となっています。「三人寄れば文殊の智恵」ということわざは、智恵で知られる文殊菩薩に由来します。

このように、インドの神は日本にもやってきました。人々は特別な象徴として、それらの仏像をつくり、それに信仰を寄せて、そのパワーをいただこうとしていったのです。

インドにもこのように神々があるのですが、その力をいただくには、どのようにつながって信じるのか、ということが肝心です。大切なのはマスターのガイドです。そして、一生懸命な信仰心でなければ、恩恵を受けられないのです。

ヒマラヤの聖者はそうした神や仏への橋となるので、聖者を信頼すれば、すべての神や仏の恩恵が受けられるのです。これはとても画期的《かっき》なことです。

神さま、仏さまを通じて、根源のパワーにつながる

観音さまは、ヴィシュヌ神の化身であるお釈迦さまの弟子でありますから、その観音さまを信じると、すべての恩恵が得られる絶大な力がある、と大乗仏教の経典には説かれています。お釈迦さまがガイドになって、観音さまを信じなさい、そうすれば、あなたの近くに現れて、救ってくれますよと、いっています。

インドでは、神や神々、あるいはマスターへの信仰心、仏教では菩薩やお釈迦さまへの信仰心で、パワーをいただいていきます。

それらの神や仏が持っているパワーをいただくのです。

とはいえ、あちらこちらの神々を目的に応じて信じたり、あちらこちらの寺院や寺を回って恩恵を受けていくのには、膨大な時間がかかります。

しかしシッダーマスターという、究極のサマディをなした純粋な存在を橋とすることで、そしてマスターと神を信じ、自分を信じることで、その神のパワーと助けを、すみやかにいただくことができます。

あなたは、生きたマスターからの直接のガイドと恩恵をいただくことができるのです。

シッダーマスターを通して、すべての神々のもとにつながるとよいのです。もちろん神々を尊敬することは、神から良いエネルギーをいただくことになります。

仏教の仏や菩薩も、ヒンドゥー教からの神々を表したものであり、シッダーマスターつまりヒマラヤ聖者は神々と同質のエネルギーを持っているので、橋になることができるのです。

人は、そうした仏さまや菩薩さま、あるいは神に拝み、供養したり、尊い物語に接したりして、それらの働きを知って、その力で守ってほしいと思います。そして願いを叶えてほしいと思います。さらには、そのような力のある存在になりたいと思うのです。

あなたが、そうした存在への信頼と信仰を深めていくことで、自分のなかのパワーも目覚めてくるのです。

私たちの根源には、すべてを創り出すパワーがあります。そして神さま、仏さまを通じて、集合意識のレベルから、そういうパワーのところにつながっていくのです。

実は愛の神のヴィシュヌ神、あるいはシヴァ神の純粋なエネルギーは、私たちの根源にもあるのです。

そうした宇宙の存在を信頼することで、神に出会っていくのです。それは本当の自分に出会っていくことです。つまり悟りへの道です。神につながって、信じ、そのパワーをいただいて浄めながら、それらを人にもシェアして生きていきます。

内なる自分を愛し、神を愛し信じます。そしてまわりに慈愛を与えて生きていくのです。

第2章　信仰が心にパワーをもたらしている

「ボーディサットヴァ」と「観音菩薩」

観音菩薩《ぼさつ》さまは、慈愛のエネルギーを体現した存在です。

「菩薩」とは、サンスクリット語の「ボーディサットヴァ」です。漢字で音写すると「菩提薩埵《ぼだいさった》」となり、それを短縮した形で、一字目と三字目で、菩薩となったのです。

「ボーディ」は「悟り」の意味で、「菩提」はその漢訳です。

「サットヴァ」は「光」「純質」といった意味で、「薩埵」と漢訳されました。

前述したように、私たちの構成要素には、タマス（暗性）、ラジャス（激性）、サットヴァ（純性）というグナと呼ばれる性質、三つのクオリティがあります。それらにカルマが加わって混在することによって、人のキャラクターがつくられます。

ヒマラヤ秘教では、修行でこのグナのエネルギーを浄めて、サットヴァのクオリティを多くしていき、悟りを目指していきます。

「ボーディサットヴァ」の存在は、「悟り（ボーディ）を目指す、純粋なもの（サットヴァ）」ということです。

「菩薩」はもともと、悟りを求めて前世から修行を積んでいた、悟りを開くまでのお釈迦《しゃか》さまのことを指しました。菩薩は「悟りを求める者」という意味です。

お釈迦さまは悟ったので菩薩からブッダ（仏陀《ぶっだ》）になったのです。ブッダとは魂《たましい》のことです。

魂になるというのは、真の自己になり、悟ったということです。そして誰のなかにも、ブッダのクオリティはあるのです。

お釈迦さまは釈迦牟尼《むに》とも呼ばれています。牟尼も、悟った人という意味です。釈迦は釈迦族という一族のファミリーネームです。

インドでは悟りの存在＝「ブッダ」が多く現れている

インドでは、これまで多くの悟りの存在である、ブッダが現れました。誰のなかにも肉体を支える魂があります。しかしそれは心の曇りで覆われています。

ヒマラヤ秘教は、この体を通して、自己、アートマンに出会っていく、つまりブッダに出会うという悟りに向かわせることができる実践の教えです。

ヒマラヤ聖者は、魂になった人、ブッダになった人です。

大乗仏教では、悟りを求めて、仏教の修行をする人たちすべてを、菩薩といいます。観音菩薩のように、衆生《しゅじょう》つまり人々を悟りに向かわせて救うように行動をし、自らも悟りに向かう純粋な人を指すのです。

在家《ざいけ》の人も、修行者も、人を悟りに向かわせ救済し、真理に向かっている人はみんな、菩薩といえるのではないでしょうか。

私のところに集《つど》う瞑想《めいそう》者の人々も、みなで幸せになるように人を助け、そして魂、ブッダになろうとしています。源の存在を信じ、魂につながり、それを悟ろうとしています。

社会のなかでは、お互いに助け合い、真の幸せになる菩薩行が大切です。その行為を通して、カルマを浄め、愛を拡大していきます。

それは、人のなかで、不安や心配、競争の心で生きる暗闇から、愛と光に入っていく生き方です。大切なのは、マスターへの信頼を持って、愛を広げる太陽のように生きていくことです。

菩薩は悟れる存在で、常に修行をしている

観音さま、つまり観音菩薩は、ヴェーダ哲学の神から取り入れられたものです。「観音」「観世音」のサンスクリット語は「アヴァローキテーシュヴァラ」です。「アヴァローキタ」は、「見られた」「観」という意味です。「イーシュヴァラ」は「音」「自在無《む》礙《げ》」を意味します。観音さまは、このようにヴェーダ哲学の名前がついているのです。

そこで、「アヴァローキテーシュヴァラ」は、「光世音《こうぜおん》」「観自在」「観世自在」とも訳されています。それはヒンドゥー教の最高神である、シヴァやヴィシュヌ、ブラフマーの性質を表してもいるのです。菩薩は尊い存在なので、神の名前がつけられたのです。

観音菩薩をはじめとする菩薩は、深い修行を積んできた偉い菩薩なのですが、衆生の世界で身軽に自由に行動できるように、あえて菩薩の位《くらい》にとどまっているのです。

自分が涅槃《ねはん》に入って、究極のステージに上がってしまうと、人々を救えないので、すぐに行動できるようにと、片膝を立てている仏さまの姿を表した仏像があります。座り込んでいると、すぐに立ち上がることができないからです。

涅槃とは「ニルヴァーナ」のことで、ブッダの入滅のことを指します。高い悟りの境地を示しています。

ブッダは二度と戻ることはない、「永遠の解脱《げだつ》」に入られました。この「永遠の解脱」は、帰ることのない解脱であり、それを「マハニルヴァーナ」といいます。

ヒマラヤ聖者の究極のサマディは、内側も目覚め、変容しています。ですから死をコントロールできます。

外側と内側の修行をあわせて行う

修行者は、真理を求めつつ、そういうふうに人を救うスタイルの修行を続けています。ただ座って内側だけを浄めるというのではなく、人を救ったり、愛をシェアしたり、布施《ふせ》をしたりといった行為を通して、外側の修行をしていくのです。

外側の、顕教《けんぎょう》の修行と、内側の、密教《みっきょう》の修行がありますが、外側の修行が人々を助けるのです。人々のなかに入り、まわりを良くし、みんなも幸せになるように行動をしながら、究極の真理に出会っていく道を進んでいきます。人を助けながら悟りに向かえるということです。

外側の修行も、内側の修行も、真理に出会うための修行です。両方ともやっていくことが大切です。

街なかでの修行は、山の中の修行とは違います。人の苦しみを自分が受けないようにしながら、自分の愛をシェアして、その人の深いところを変えていきます。

それを信仰心をもって行うことで、神さま、あるいは仏教では観音さまなどから、パワーをいただくのです。

そのように、真理を求めつつ、みんなを救いながら、悟りへの道を歩んでいる修行者たちは、菩薩と同じ道を歩んでいるわけです。人が幸せになるとその人の喜びが返ってきて、何倍もの浄化が起きるのです。

無償の愛で大きな愛が育まれ、本質に近づくのです。そして神に出会っていきます。

私もヒマラヤ秘教のなかで、悟りへの道を進むにあたって、街なかで修行するにはこうした大乗の教えが大切と考えます。

人々を信仰や瞑想という真の生き方に向かわせる外側の修行は、人も自分も浄められるのです。それと合わせて、内側の修行となる瞑想も行うのです。

インドの七観音信仰

すべてのエネルギーを神といいます。すべてのものにそれを動かすエネルギーがあり、インドではそれを神と見ます。そしてそれを発見した人の名前を付けたり、その働きの名前を付けたのが神の名前です。それが象徴となりました。

維持する神のヴィシュヌ神は化身《けしん》となって、いろいろなところに現れます。そうしたところから、仏教でもブッダはヴィシュヌ神の化身でいろいろな神や仏になるのです。

七観音《しちかんのん》信仰というものもそうしたところからきているのです。

七観音とは聖《しょう》（正《しょう》）観音、十一面観音、不空羂索《ふくうけんじゃく》観音、千手《せんじゅ》観音、馬頭《ばとう》観音、如意輪《にょいりん》観音、准《じゅん》胝《でい》観音です。

七には無数という意味があるのですが、なかでも聖（正）観音は、大本《おおもと》の本来の観音さまです。観音さまは化身の要素があるので、奈良の法華寺《ほっけじ》の十一面観音菩薩像など、いろいろな観音像になっています。そうしたパワーがある理想的な菩薩がいて、みんなそれにあやかりたいと思うわけです。

また神仏習合で、天照大神《あまてらすおおみかみ》は十一面観音の垂迹神《すいじゃくしん》であるとされました。垂迹神というのは、人々を救済するため、仏が神の姿で現れたものという意味です。

不空羂索観音は、真実で願いを叶《かな》えて救済する観音、千手観音、千手千眼《せんげん》観音は、千の手、無数無量の手を持つ観音という意味です。ヒンドゥー教では千の手は創造の源からの力であり、すべてを救うことを表しています。

馬頭観音は、馬が牧草を食べ尽くすように、諸悪を粉砕し、煩悩《ぼんのう》を断《た》つ観音さまです。愛ですべてを飲み込み、癒《いや》すのです。

如意輪観音は、あらゆる願いを叶えてくれる尊い宝の珠《たま》、如意《にょい》宝珠《ほうじゅ》を持つ観音さまです。

准胝観音は、心の本性《ほんしょう》が清浄であり、美妙《びみょう》であるという意味の観音さまです。

十一面観音は、十一面（顔）を持ちます。その意味は多くの側面を持つということです。

つまり七観音は、人間、あるいは宇宙のそうしたパワーを表しています。これらのエネルギーは無限のパワーにつながっていくのです。

仏教のいろいろな菩薩も、それにあやかって作られました。そしてブッダやマスターを信じると、自分もそれにあやかった力をいただけるわけです。

ヒマラヤ聖者は、サマディに至るプロセスで、この体にあるそれらすべてのパワーのセンターを浄めつくし、神に達したのです。それらは七つの体と十一の器官です。

日本で生まれた観音さま

日本でも観音さまが、いろいろとつくられ、六観音信仰が生まれました。

真言宗では、聖観音、千手観音、馬頭観音、十一面観音、准胝観音、如意輪観音です。

天台宗では、聖観音、千手観音、馬頭観音、十一面観音、不空羂索観音、如意輪観音です。

仏教は、インドからヒマラヤを越えて中国から日本へ、あるいは韓国から日本へ伝わってきました。六世紀には朝廷が学問として取り入れ、貴族の信仰を集めました。観音さまは、日本ではすでに奈良時代初期から信仰され、日本の事情に合った観音さまも加わり、一般に広がっていったようです。

子安《こやす》観音は、日本で成立した観音さまで、子授け、安産などの観音さまです。子育《こそだて》観音という、小児の成長を見守る観音さまも生まれました。悲母《ひぼ》観音、水子《みずこ》観音なども現れました。法隆寺夢殿の本尊《ほんぞん》は、救世《ぐぜ》観音です。救世観音は、観音経の「観音妙智力《かんのんみょうちりき》　能救世間苦《のうくせけんく》」のなかの「救世」の言葉に由来しているのでしょう。

なお、江戸時代にキリスト教が禁止され、隠れキリシタンが観音さまを聖母マリアの化身として、ひそかに礼拝しました。それが、額《ひたい》や冠や胸に十字架のあるマリア観音です。

さまざまに姿を変えて現れる神さま

インドのヴィシュヌ神やシヴァ、またジャグダンバは、それぞれが千もの名前があり、それぞれ働きが違う側面を表し、オールマイティな力を表しています。そのように、さまざまに人々を助けているのです。

仏教の観音さまも、衆生を救うために変化《へんげ》する、つまり姿を変えて現れるとされています。

また、聖徳太子のように特別な才能を持ち、非常に優れた人は、観音さまの化身として尊敬されました。

仏さまが、さまざまに姿を変えて現れることを「応現《おうげん》」といい、観音経には次の姿が記されています。以下のものはすべて、インドの神さまが現れたということです。そして教えを説いたのです。

梵王《ぼんのう》……梵天《ぼんてん》、ブラフマー神。創造の神です。帝釈天《たいしゃくてん》……インドラ神。自在天……シヴァ神のことです。悟りを目指す人が信じます。大自在天……大シヴァ神。天大将軍《てんだいしょうぐん》……仏法の守護神、韋駄天《いだてん》。さらにパワフルなシヴァ神です。毘沙門天《びしゃもんてん》……ヒンドゥー教の富の神であり、また仏法を守護する武神です。


次に記《しる》す、ヒンドゥー教の神々も現れました。

龍……龍神。夜叉《やしゃ》……鬼神。乾闥婆《けんだつば》……音楽の神。阿修羅《あしゅら》……火の神。戦《たたか》いの神。緊那羅《きんなら》……歌と踊りの神。摩睺羅伽《まごらか》……蛇の姿をした音楽の神。執金剛神《しゅうこんごうしん》……煩悩《ぼんのう》を砕く金剛杵《こんごうしょ》を持つ神。

観音さまは、これらの変化身を加えて三十三相あるとされています。

また、観音さまは、インドのルドラの神を取り入れて、仏教の十一面観音になりました。

人の体は、肉体、アストラル体という精妙な体、さらに魂を包むコザール体という超微細なエネルギー体の三つのエネルギー界（三界《さんがい》）から成り立っています。それぞれに十一のエネルギーセンターがあり、合計すると三十三の力になります。

こうして、観音さまの変化身は三十三相ある、ということになったのではないでしょうか。観音さまには三十三の姿があり、それはいろいろなパワーがあり、助けてくれるということです。

人々を病苦から救うとか、子育てが楽になる、長生きにするなどの、特徴ある働きの観音さまがいます。さまざまに変化する観音さまには、そうした多様な力があるというのです。

観音さまを信じることで、さまざまな神の助けをいただけるということです。

人々は菩薩や神を常に信仰します。そうした神や仏を、ただ信じるのです。何の疑いもないのです。それが目の前に現れます。いろいろな場面で助けられるのでしょう。

マスターについて信仰を深める

正しいマスターのガイドを受け、内側の修行をして、浄めたうえで、信仰することが必要です。内側の修行をなにもしないで、心や体が濁ったままで信仰しすぎて、いきなり神の力が働くようなことがあったり、その人のマインドが強くサイキックであると、危険です。

また逆に、正しいガイドがないまま内側深く瞑想修行をすると、なにか過去の濁った心が目覚め、それが活性化して、外からも変なエネルギーを引き寄せ、憑依《ひょうい》現象で取りつかれることがあるかもしれません。それも苦しい状況です。

インドでは、みんなそれぞれファミリーグルという先生を持っていて、信仰のガイドを受けます。司祭やサドゥのグルを持っていて、ガイドを受けています。

インドには修行した偉大なマスターが多くいます。なかでも解脱《げだつ》を果たしたサマディマスターに出会うのは稀有《けう》なことであり、その出会いがあることは幸運なことなのです。

観音さまを信仰することの大切さを記している観音経は、外側の修行により、菩薩を信じて、恩恵をいただくことを説いています。

そのためには、ただ心で思うだけでなく、魂からの信仰が大切です。全身全霊《ぜんれい》の、何の疑いもない信仰にしていかなければならないのです。

マスターを介して神々のパワーにつながる

すでに述べた、千の手を持つ千手観音と同じように、千の手を持つ神さまが、シヴァにもヴィシュヌの変化身にもあります。

このようにいろいろな力を持つ変化身は、ありとあらゆる状況を助ける力を表しています。

観音経ではブッダが観音さまをほめることで、観音信仰を勧める形が取られ、観音さまは大乗仏教を通じて広まっていきました。

一般大衆が信仰しやすいように、いろいろな観音がつくられ、それらには愛や正義や喜びや浄化や智恵などの力を表す名前がついているのです。

さらに、悪い人を成敗《せいばい》するには、悪をこらしめ、正義をもたらす菩薩や神さまが、その力強いエネルギーを発揮してくれるのです。

ヒマラヤ秘教は、サマディマスターを信頼し、そこからの祝福で、パワーや教え、秘法をいただいて、幸せになります。

サマディマスターとは、魂、つまりブッダとなった存在で、オールマイティの力を持つのです。

悟りのマスターに祈願して願いを成就するとよいのです。その願いは神に届けられて叶っていくのです。

内なる巡礼に目覚める

日本では観音信仰が広まるにつれて、観音さまの三十三相にちなんで、観音三十三所霊場、三十三間堂《さんじゅうさんげんどう》などが生まれてきました。

観音霊場は全国にありますが、西国《さいごく》三十三所観音霊場は、お遍路《へんろ》さんの巡礼、札所巡《ふだしょめぐ》りでよく知られています。

インドでは、聖者も一般の人も、聖地を巡礼します。インド中には計り知れない数の寺院があり、人々がそれぞれの願いに応じてお参りをして、信仰を深めていきます。

その巡礼の仕方や宗教行事は、さまざまです。

ガンジス川への巡礼、ヒマラヤの奥の聖地への巡礼、カイラス山への巡礼などがよく知られています。

私が巡礼したカイラス山は、仏教、ヒンドゥー教、ボン教の聖地です。それはチベットにあり、そこの寺院で多くのヒンドゥー教の神が仏像になっているのを見て、驚きました。

そして仏教はヒンドゥー教から生まれたと、しみじみ思いました。


そうした外の仏さまや神さまを巡礼することで、尊敬の念が生まれます。

しかし、それぞれの寺院を何回も巡礼したり、また一つの願いを叶えるのには膨大《ぼうだい》な時間がかかります。

ヒマラヤの聖者は、内なる巡礼に目覚めることを勧めます。

シッダーマスターのガイドで願いを叶えながら、神に出会う、内なるパワースポットに出会うのです。それがヒマラヤ秘教の内なる悟りの巡礼なのです。

アショカ大王によって、仏教はインドの国教となった

観音経は法華経のなかに含まれていますが、その法華経には、サンスクリット語で書かれた原本があります。

それは紀元一〇〇年頃に、インド北部で編纂《へんさん》されたもので、法華経としてブッダが書いたものではありません。

ブッダの死後、仏教はアショカ大王が仏教徒になり、彼の治めるインドの国教となりました。

アショカ大王はインドの領土を大きく広げていきました。北はチベット、西はアフガニスタンと西アジアの全域がインドとなり、さらに東は東南アジア全域とスリランカがインドになったのです。

彼は領土を拡大するために戦争ばかりしていたのですが、人生の最後に仏教の信者となり、戦争をやめました。王様が仏教徒になったので、アジアの広範囲に仏教の教えが広まったのです。

小乗仏教から、大乗仏教へと、大きな流れが変わることにより、出家の修行者のみでなく大衆も信仰でその恩恵を受けられることとなり、多くの人々が仏教に帰依《きえ》していきました。

大乗仏教は、ブッダの教えをまとめるとともに、ヒンドゥー教の逸話《いつわ》なども取り入れて、経典とし、人々に信仰を勧めてブッダの功徳が届けられるようにしていきました。

インドの神が、ブッダの応身《おうしん》（仏さまがこの世に現れた姿）になり、さまざまな役割の観音菩薩になったりもしました。仏教経典そのものも、ヴェーダの経典のスタイルを取り入れました。

深い真理は、悟らなければわかりません。そこで、ヒンドゥー教の逸話からヒントを得て、たとえ話をつくり、方便を伝える経典にしたのです。

経典のなかには、たとえ話が何度も繰り返されています。それは、同じような話を何度も聞くことにより、覚えてしまうからです。

また、独立した経典が組み込まれ、大乗仏教の経典として成立したとされています。

そのなかでも有名なのが、観音経も入っているサッダルマ・プンダリーカ・スートラです。サッドは、正しい、霊妙な、もっとも優れた、という意味です。ダルマは、教え、法のことです。漢字では、達磨の字が当てられます。プンダリーカは、蓮華《れんげ》、白いハスの花（白蓮華《びゃくれんげ》）を意味します。白蓮華は美しく清浄であって、ハスのなかのハスと尊ばれています。スートラは、お経、経典の意味です。

したがって、サッダルマ・プンダリーカ・スートラとは、美しく清らかな白いハスの花にたとえられるほどの、素晴らしく霊妙な法を説いた経典という意味です。

その経典は、日本では法華経と呼ばれ、「諸経の王」「最高のお経」という意味合いで「経王」とも呼ばれています。

この経典が中国に請来《しょうらい》され、翻訳されました。その漢訳は三つ現存しますが、般若心経《はんにゃしんぎょう》の翻訳者としても知られる、鳩摩羅什《くまらじゅう》が訳した「妙法蓮華経《みょうほうれんげきょう》」が、最も広く愛誦《あいじゅ》されています。

そのお経のなかの重要な部分である「観世音菩薩普門品《ふもんぼん》」の「巻《まき》八、第二十五品《ほん》」が観音経です。

鳩摩羅什は、阿弥陀経や維摩《ゆいま》経、金剛《こんごう》般若経なども訳しています。それらは現代まで読み継がれていて、鳩摩羅什は三蔵法師として名高い唐の仏僧・玄奘《げんじょう》とともに、二大訳聖とされています。

いつどこでも助けてくれる存在がある

観音経には観音さまを信じることの奇跡が説かれています。ヒマラヤ聖者は真の幸福への道を示します。信仰の大切さを説きます。

この世界を創り出した神のパワーは偉大です。また、さまざまな存在のなかにも神々が宿ります。信仰によって、それら神や神々のパワーをいただくのです。

ヒマラヤ聖者は生きたマスターです。あなたが出会いによって、ヒマラヤのマスターにつながって、神につながり、信じることで、さまざまな奇跡で助けられるのです。さらに秘法をいただき、修行をして、祝福をいただくと、苦しみが取り除かれ、生きる希望が与えられます。

観音さまへの信仰を観音経は説いています。観音さまをはじめとする神や仏の信仰では、それが良い心の信仰であると、その人にとって今必要があれば、その心に従って、その姿やその教えが現れて、救われるといいます。

それぞれの神や仏は、救うことのできるパワーに特徴があり、その人にふさわしい存在となって救うというわけです。

つまり、その人のもともとの縁が深い、神や仏になって救うのです。

そのように、ヒマラヤ聖者への信頼によっても救いや助けが起こります。愛が必要であれば愛の神が働き、病気を治さなければならないならば薬師如来が働き、才能が目覚めなければならないならばサラスワティー（芸術の神）の神が働き、悟りが必要であれば悟りの神であるシヴァが働きます。

ヒマラヤ聖者には、どんなエネルギーの源にもつなげるオールマイティな力があって、助けていくのです。そして、それぞれ必要な智恵を与えていくのです。

ヒマラヤの聖者は、正しい求めに応じてくれる

観音さまへの信仰で、観音さまはいろいろな姿になって出現して、あなたを助けます。必要に応じて、しかるべき人になって現れます、ということが経典に述べられています。

良い先生に出会ったり、良い仕事の上司に出会ったり、そのつど必要な人が現れて、助けてくれる奇跡が起きます。身近な、あるいはどこかで縁のある人が、あなたの願いに応《こた》えて助けてくれるわけです。

私たちはみな、深いところで、全部つながっているのです。

シッダーマスター・ヒマラヤ聖者はさらに生きたマスターであり、そのように信じることによって、奇跡が起きます。修行して究極のサマディに達した、サマディマスターであるからです。

高次元の存在の橋となり、そこにつなげていただくことができ、深いところに早くアクセスをして、必要な人や事柄とつながり、奇跡が起きていくのです。そうやって多くの人が救われていくのです。そのスタートにはディクシャというエネルギーの伝授が必要です。それによってマス

ターを橋として、あなたの魂とつなげるのです。

ヒマラヤ聖者の祈りは皆さんを幸せにしていきます。その祈願は願いを叶え、その先祖の供養は先祖を浄めていくのです。

観世音菩薩は神通力《じんずうりき》を備《そな》えておられ、広大な智恵で方法を示していて、あらゆる場所に出現して、生きること、老いること、病気になること、死ぬこと、という四つの苦しみを、しだいにすべて消滅してくれるでしょう、と観音経には書かれています。

観音さまは変幻自在に出現して、助けるというのです。見えないところから姿を現して、助けてくれるといいます。

ヒマラヤ聖者は根源の世界につながって、すべての神々のパワーにつながるのです。そして、皆さんをその神につなげて、そのパワーを働かせて、助けてくれます。

ブッダがいう生、老、病、死に神の力を与え、生きることを楽にし、病から救い、死後の世界も天国に導き、老いることからも解放するという、永遠の命につなげるのです。

そうしてすべての人を救っています。それは神の力、それにつながるマスターを信じることで、起きるのです。それとともに日々善行をすることが大切です。人を助けていくことが大切です。カルマの執着を取っていくのです。功徳を積んでいくのです。

私たちの本質には愛がある

仏教でブッダのことを指す如来とは、過去に修行を積み重ね、心身を浄め純粋になり、悟って純粋そのものになった存在ということです。

そのサンスクリット語はタターガタで、「そのように来た」、つまり尊い教えを広めるために、このように来た、といった意味です。人々をガイドするために来たということです。

観音経で、如来が推薦するのが観音さまです。観音菩薩は信仰深い人々を助けている存在です。

宇宙の最高神であるヴィシュヌ神は、純粋な愛、慈愛をつかさどっています。

仏教の観音さまは、ヴィシュヌ神の愛を持って、衆生《しゅじょう》を救うために遣《つか》わされています。真理を求め、真摯《しんし》に修行するようになれば、純粋な存在になります。観音菩薩は、皆が観音さまのようになることを願っているのだと思います。

人はシッダーマスターのヒマラヤ聖者のガイドによって信じると、すみやかな浄化をいただいて、ヴィシュヌ神や観音さまの慈愛につながり、恵みをいただけます。さらに内側を目覚めさせて純粋な存在になっていけるのです。

そして幸運なことに、私たちの本質にこそ無限の愛があるのです。胸の奥にあるハートのセンターは、愛のセンター、慈愛のセンターです。人を助け、人を神への道、純粋になる道にガイドすると、あなたの愛は大きくなるのです。

この小宇宙は宇宙の縮図であり、宇宙の存在のすべてがあるのです。これを磨くことで、宇宙のパワーを引き出すことができます。

ヒマラヤ秘教はそのことを発見し、小宇宙の創造の源に行く修行を発見したのです。

人は生命エネルギーをいただいて、生かされています。

創造の源、そこにあるセルフを知っていく旅をすると、すべてのパワーを目覚めさせて、楽に生きられるのです。

第3章　カルマに翻弄される生き方を変える

カルマとは何か

菩薩《ぼさつ》や仏、神、あるいはヒマラヤ秘教を信仰することで、救われることを見てきました。人はどういうからくりで生きているのか、というと、カルマが大きくかかわっています。このカルマが、人間の運命を決めています。

カルマとは何かということを知って、さらに生き方を考えていきましょう。

カルマという言葉は、日本語では、業《ごう》といわれます。

カルマは、もともとは行為のことを指します。体の行為や、口の行為（言葉）のほか、思いも行為に含まれるのです。

考えること、思うこと、感じること、話すこと、行動することは、すべて内外の行為です。そして、それが記憶となって心に刻まれ、体に影響し、キャラクターになります。

そのカルマの記憶は、外からの刺激によって活性化され、再びアクションを引き起こします。生きるための人の行為は、この世に生まれる前の、過去生からずっとつづいています。そうした行為の結果が記憶されていて、それがカルマになります。

そこには、怒りもあり、悲しみもあります。また、欲望があり、何か願いが叶《かな》わないことが起きたら、イライラする波動を発するのです。

そうした新たな思いと行為が、心の内側にすべてカルマとして積み重ねられていきます。

ですから、無知のまま人生を送っていくと、カルマを積んで、それを重くして死に、また生まれてカルマを積んで、それを重くして死ぬということを、繰り返すことになります。

しかし、真理の道、悟りの道を歩んでいくと、そういうカルマをヒマラヤ秘教の実践で浄化して、そこから自由になっていくことができるのです。

翻弄されるカルマから解放される

ヒマラヤ秘教的にいいますと、物質の元（プラクリティ）があって、そこに根源の純粋なエネルギー（プルシャ）が干渉して、宇宙の創造が始まります。

そして創造が展開され、いろいろなものが作られていきます。それらは生まれ、決められた年月を存続して、やがて寿命を迎え、終わっていきます。

このプラクリティは物質の元ですが、ある物質とある物質がバランスを取って、引き寄せたり、排斥《はいせき》したりしています。溶解したり結合したりします。再統合するのです。

あるものは誕生して存続し、またあるものは終わりを迎えて消滅していきます。

新しい物質が生まれたり、また大きくなったりするのです。

人間には体があり、心があり、それはプラクリティでできています。そのなかに働く根源のエネルギーの、命の働きがプルシャであり、それがあって生きていくのです。それに心のなかにあるカルマが大きく影響していくのです。

そうしてカルマの記憶により、カルマに翻弄《ほんろう》されることがつづいていきます。

悟りを発見したヒマラヤの聖者は、カルマを浄《きよ》め、そこから解放されて自由になる、いろいろな方法を発見したのです。


私たちは、ひとりでは生きられません。私たちは、まさしくカルマの縁によって、生まれてきたのです。

親子とか、兄弟とか、先輩・後輩などは、カルマの縁があって、つながっています。身近な人はみな深くつながっています。

それは、前にお世話になったから、今度はこちらがお世話をするという、お返しをする関係であったり、あるいは過去にあげたから、今度はお世話をしてもらうという、もらう関係であったりします。

ですから、カルマの関係とは、もらったらお返しをするというものです。人はそのようにしてバランスを取っているのです。

親子の関係についても、そういうエネルギーの交換のために、親子として生まれてきたような面があります。

そのように人間関係には、いつもカルマを積んでいて、そのなかで、求めているものが得られなくて苦しんだりしている面もあります。

深い因縁によってどうして自分は苦しめられるのか、と思うとき、過去生のカルマが影響している、とわかることがあります。

このカルマに翻弄される生き方を変えるのが、ヒマラヤ聖者の智恵でありパワーなのです。

良い人間関係づくりは真理への道

親子関係、家族関係、親戚付き合いなどで悩んでいる人は少なくありません。

また社会人ならば、仕事をしなければなりませんから、組織内の人間関係、仕事上の人間関係で苦しんでいる人がたくさんいます。

学生や生徒の場合も、学生・生徒同士の人間関係や、先生との人間関係などで悩んでいる人が少なくありません。

人間同士は、お互いに鏡の働きをします。相手には自分の姿が投影され、そこにエゴなどが映し出されます。

どのように人と接したらいいのでしょうか。また人間社会を円滑にするにはどうしたらいいのでしょうか。

最も大切なことは、深いところからの親切です。周囲の人たちに無償の愛である慈愛を表現して、助け合い、良い人間関係になっていくことが大切です。

そのように、良い人間関係づくりをすることを、真理への道、悟りへの道にしていくのです。今生きている世界を、修行の道場にして、自分を悟りに導いていくことができます。

良い人間関係づくりを心がけず、自分の主張を曲げないで自分のエゴにこだわると、そこに抵抗が生じ、争いが起きます。

うまくいかないことも間々《まま》あります。それを良い学びにして、感謝することが大切です。自分の思い込みで見るのではなく、大きな愛で見ていくことも大切です。

すべての人のなかに、純粋性があります。すべての人のなかに、純粋なクオリティがあります。それは自分のなかにもあり、自分のまわりにもあるのです。

自分という小宇宙の根源に、永遠の存在、変化しない存在があります。ですから、そこに意識を合わせていくことが大切なのです。

しかし、現実に現れてきているものは、変化しています。そこに執着していると、苦しみが出てきます。

自分の心とともにいると、どうしてもカルマにつながってしまいます。そして損得が発生するのです。

心の関係はギブ・アンド・テイクです。人は常に相手に何かを期待・欲求するのです。それが苦しみを生むのです。

与えるのみになるといいのです。太陽が光を与えるように、です。心の欲求、つまり心を超える関係性を作っていくことが必要です。そういうことを、愛をもって理解していくことが、人生の修行でもあるのです。

信仰とともに、真の幸福の道へ

観音さまを信じることで、助けをいただいて、いろいろな難局を乗り越えて生きていける、と観音経は説いています。

インドの人たちは、神と神々を信じます。神や神々を祀《まつ》る寺院や、教会、祈りのセンターをあちらこちらに作り、神像を作り、信仰し、生きてきました。

インドの人たちは、神への信仰やマスターへの信仰でパワーをいただき、人生を楽に生きるためのサポートをいただいているのです。そして、願いに合った神や寺院への巡礼をして、敬虔《けいけん》な信者になっていきます。

観音経は信仰の絶大な恩恵を説いています。

私は、ヒマラヤの恩恵を伝えます。ヒマラヤの聖者はサマディをなし、神への橋となる尊いつながりです。信仰し、パワーと癒《いや》しをいただきます。

さらに本質に出会っていく変容の旅の実践があります。思い込みではなく、自分が心身魂を浄め、神のクオリティに実際になっていくのです。

それには、そうした本当のガイドがいないとできません。本当のガイドによって、根本から苦しみが取り除かれるのです。ヒマラヤの聖者は神を信じる道を示し、神になる道、悟りの道を発見したのです。

サマディへの道を歩めば、すべてが手に入る

この世のなかのひとつひとつを知りたいと願っても、知りたいことはたくさんあるので、それをやっていると、本質に到達しません。

しかし本質への道、サマディへの道を歩めば、全体になるので、すべてが手に入るのです。

正しいガイドによって、神に出会っていきます。それがサマディへの道です。

ヒマラヤ秘教はマスターのガイドを信頼して、神につながり信仰し、そこからのパワーをいただきます。

さらに、教えと数々の秘法の伝授をいただいて、カルマを浄めて、恩寵《おんちょう》をいただき、人生を豊かにしていきます。また源《みなもと》の自己に戻り、愛が溢《あふ》れる自由な人になっていくことができます。これはアセンディングといいます。体をいただいてこの世に送られてきたことをディセンディングといいます。

そのプロセスで神の恩寵をいただきながら、皆を助け、悟りに向かうのです。

そのためには、魂を覆うカルマの暗闇に光を当てます。気づきを得て、智恵を得て、執着する

ものを手放し、永遠の存在へと進んでいきます。

今こうした真理について語るこの本の本質も、智恵を得ることです。読み進むにつれ、あなたの曇りが溶《と》けていきます。

マントラは「聖なる音の波動」

ヒマラヤの聖者の智恵と秘法はサマディから生まれるものです。

宇宙の根源から現れる音が、秘法になります。宇宙の根源から現れる光に向かう秘法が生まれるのです。

その宇宙の根源から現れる音は、純粋な聖なる音であり、高次元の波動です。

それは神の波動であり、聖なる音の波動であり、「マントラ」といいます。マントラという言葉はサンスクリット語です。

ヒマラヤの聖者はサマディレベルで、さまざまな響き方の聖なる波動を発見し、マントラとしたのです。

さらに、守りのための秘法や、浄化の秘法や、神に達する秘法もあります。

瞑想秘法や、光の瞑想の秘法もあります。祈りの秘法、智恵の秘法もあります。

そのほか、各種の真理に出会う秘法があります。そのなかに聖なる音の秘法があります。

聖なる音の波動であるマントラは叡智《えいち》の波動です。そのマントラは、高次元の存在につながってはじめて効果をなすものです。それを真剣に求め、実践していく人に分かち合っています。

そのマントラはレーザーの波動になってカルマを浄め、あなたを守ってくれるマントラです。災《わざわ》いをなくすマントラです。そのレーザーが無知を溶かし、気づきをもたらすのです。

マントラはそのエネルギーによってさまざまに働いていきます。智恵や、富、才能開発、災難防止、病気平癒《へいゆ》、先祖の供養と、目的に沿った働きをします。運命を改善し、悟りを得るなどの働きがあるのです。それはマスターの働きかけによって、目的にしっかりつながる波動です。

シヴァをはじめ、神さまの名前、仏さまや観音さまの名前のマントラもあります。

私はマントラのことを「音の波動」、あるいは「聖なる音の波動」と呼んでいます。

ヒマラヤ秘教のマントラの波動は、災いを取って幸せにしていき、さらには悟りに向かう波動であり、エネルギーの源からの穢《けが》れのない、純粋なものであり、誰も汚すことができないものです。そして良き人に与えるものです。

「アウム」は、全部の音が集まった宇宙を表す音です。「オーム」ともいいます。

仏教のお経には、最初に「オン」の言葉がついていますが、もとは「アウム（オーム）」でした。

「アウム（オーム）」は、キリスト教の「アーメン」にあたるものです。

ここで注意してほしいことがあります。それは、マントラは正しいマスターより、正しい姿勢でいただくということです。

マントラをエゴの目的など、誤った心で唱《とな》えないでください。マントラには力があるので、悪い心で唱えると危険です。自己破滅につながります。

ヒマラヤの聖者たちも、その「音の波動」「聖なる音の波動」をマスターから授かってきました。

マントラは、神の音なのです。そして神になっていきます。

マントラの修行をすることにより、それがレーザーのような波動になり、源に達していくのです。まず正しいマスターにつながり、さらに高次元に信仰する心でつながります。その音は神であり、マスターからの祝福の音なのです。

宇宙的な愛に目覚めさせる修行

大乗仏教では、本格的な修行を行いません。ブッダが亡くなった後、しだいに、強い信仰を説くようになりました。

「人知を超えた、すばらしい働きを持った仏の教えの真実は、煩悩《ぼんのう》の炎のなかから生じて、しかも穢れることなく、花により果実を生じるのではなく、花開いたとき、すでに悟りの実《み》がある。

それゆえ、修行によって悟りに至るのではなく、すべての人は、生きていること自体が悟りのなかにある。それは、蓮《はす》の花にたとえられるがごとし」

このような教えが大乗仏教にあります。

ブッダは苦行を経て、悟りに至ったのですが、後につづく者は、その恩恵を受けています。愛（慈悲）を持って人を助けることを悟りとするような大乗の教えというのは、苦行を重要なこととはしていません。

「その教えを信じれば充分ですよ。人には悟りの実が備わっていて、もうすでに悟っているのです」と見なしたのです。

そして、「いいことだけを無償の愛でしていけばいいのですよ」と説いているのです。

観音経も、真理に至る、悟りへの道の修行のことは述べていません。

その、本当に宇宙的な愛に目覚めさせる修行を、私が主宰しているサイエンス・オブ・エンライトメントでは行っています。

そこには、生きたマスターによる、至高なる存在からの恩寵があるのです。

真理を知るためのアプローチ

観音経は、ブッダが亡くなったずっと後につくられたものです。大乗仏教の経典です。それは、自分のために修行をする小乗仏教とは異なり、みんながお経を読んで、助け合っていくことで幸せになるという教えを説いたお経です。そして、観音経の言葉は、ブッダ自身が話された言葉ではなく、後からつくられた言葉です。

仏教は、ヒマラヤの教え、そして一部はヴェーダの教えの影響を受けています。ヴェーダのなかには、神に出会う瞑想《めいそう》のことも書かれています。ブッダはそういう瞑想を取り入れて、菩提樹《ぼだいじゅ》の木の下で瞑想をされ、悟りに至ったわけです。

小乗仏教の人たちは内側の修行が中心で、瞑想も行っていたのですが、大乗になると実践よりも、理論や理解のほうが大切なことになったのです。なぜならお釈迦さまは亡くなられてしまったし、大乗仏教は在家《ざいけ》の方々ですし、内側の修行はマスターなしでは難しいからです。

大乗仏教では、言葉を理解することによって真理を知ろうとしたのです。お釈迦さまの死後、弟子たちによって編纂《へんさん》された経典を読むことが大切になりました。

ヒマラヤ秘教は悟りのマスターのガイドによって、口伝《くでん》で直接に修行をしていくのです。社会のなかでヒマラヤ秘教を安全に行えるのは、アヌグラハの恩寵があるからです。

菩薩は慈愛を持って、まわりの人に教えを説いて、悟りを目指します。

私は人のなかで生きるのに、菩薩の生き方は素晴らしいと思います。それは功徳《くどく》を積み、人を助けながら悟りを目指す生き方です。

私が主宰するサイエンス・オブ・エンライトメントも、ほとんどの人が在家で、みんながお互いに学びながら、外側の修行で浄めることのできる慈愛の道を積極的に奨励しています。それは、菩薩の生き方です。

菩薩の生き方といえば、観音経と並んで、多くの人が読誦《どくじゅ》（声を出してお経を読むこと）や写経をしている般若心経《はんにゃしんぎょう》も、観音菩薩が、このように尊いお話をしました、という内容のものです。

般若心経は、観音さまを通して、ブッダの教え、仏教のエッセンスを示しているのです。

このことについては、『ヒマラヤ大聖者 愛の般若心経』の本に詳しく記しました。

純粋な状態になると、願いが実現しやすい

ヒマラヤ秘教では、まず神につながり、信じます。見えない存在がこの体を生かしめています。それを信じます。そして、悟りのマスターを通して、そこにつながるのです。

マスターを通して、神のパワー、アヌグラハの恩寵をいただき、浄まっていきます。それは救済です。一気に楽になるのです。

またマスターにお任せして祈願を出すと、マスターはマントラの修行を行い、エネルギーが浄められているので、マスターの純粋な祈りが目的の神に届き、願いが叶っていきます。

自分がまだ浄まっていなくても、マスターを信頼し、そのつながりで源の力が作動して、願いが叶っていくのです。

普通の心は、常にいろいろとジャッジしたり、ジェラシーでいっぱいになったり、先のことについて心配をします。そうではなく、仏さま、神さまにお任せします。

思いをはずして、サレンダーして、心を空《から》っぽにしていきます。そこにサマディからのアヌグ

ラハの恩寵が起きるのです。

心身が純粋になると、願いが叶いやすくなっていきます。

ですから、正しい願いを持つことが大切です。人の幸せを願うなど、肯定的な願いを持つことです。

悟りのマスターが存在する道場で祈ると、その効果は絶大です。そして自分を愛します。あなたのなかには純粋な存在、本当の自分がいるわけですから、それを尊重します。

また、出会う相手のなかにも、純粋な存在があります。相手も尊敬することが大切です。

シッダーマスターから伝授されるもの

私の主宰するサイエンス・オブ・エンライトメントでは、ヒマラヤ聖者であるシッダーマスターによって、特別な儀式を通してお浄めをしてから、ヒマラヤ秘教に伝わる教えと特別な秘法を順次伝えています。これをディクシャといいます。

シッダーマスターは心身を浄め、そして体と心を超え、死を超えて、サマディに達して、真理、神と一体になった存在です。ヒマラヤ聖者からの直接のディクシャの伝授は、内側を目覚めさせ、源につなげる効力があります。その真理のレベルから、マントラが授与されます。この儀式はどこにもない特別で尊いものです。

その波動はレーザーのようなエネルギーを作り出すのです。それを内側ではぐくむことにより、カルマが浄化されます。そのマントラの性質を作る源と一体になっていきます。

信仰することで、さらにマントラはパワフルに働き、エネルギーのセンターを浄めます。

マントラのこの働きは、生涯にわたってつづきます。

ヒマラヤ秘教のマントラは、目的に応じた人生を豊かにするマントラです。

さらに悟りに向かうマントラがあります。それらは、サマディのなかで発見されたマントラであり、聖なる波動、純粋な波動です。言葉になる前の音であり、波動です。


インドでは、サマディマスター（シッダーマスター）からダルシャン（聖者にお会いし、祝福をいただくこと）をいただくために、どんなに遠くからでもやってきます。

サマディマスターがいるところ、住むところは聖地となり、多くの人がお参りします。

クンムメラ（クンブメラ）という聖者の祭りがあります。その祭りには、じつに多くの方が聖者に祝福をいただきに、やってきます。

多くのさまざまな流派の聖者のキャンプがあるのですが、私とパイロットババのキャンプは、祝福を受けにきた人々で、いつでもごったがえしています。

パイロットババジは究極のサマディマスター・シッダーマスターとして、インドでは有名で、人々の信奉《しんぽう》を集めています。

私も同様に、サマディマスターとして知られています。ですから、どんな職業のどんな地位の方も、祝福を得て守りをいただきたい、と訪れてきます。

それは、もう死に物狂いといっても過言ではない迫力です。

魂への扉が開かれる

インドでは、解脱したマスターを尊びます。神を実際に知るということで、そのマスターは信仰の対象になります。そうしたカルチャーが今なお絶大です。

インドの人は、サマディに達することは非常に困難であり、誰もできない偉業であることを知っています。

サマディマスターは心と体を浄めつくしてカルマを浄化し、サットヴァ（純性）となって神と一体になり、神になった人です。そのマスターを信じ、祝福を受けると、運命が改善され、幸せになる事実があるからです。

シッダーマスターのディクシャによって、エネルギーのパワーが伝授される（シャクティパット）と、内側が目覚め、カルマが浄められ、整います。そのとき、マスターのエネルギーに引き上げられ、救済されます。そうしたところに、マントラが伝授されます。

それは、魂への扉が開かれることにほかなりません。

マスターとあなたは霊的な絆《きずな》でつながったのです。そしてアヌグラハという、神の恩寵が受けられるのです。それは生涯にわたるものです。

信じてマントラの修行をします。その波動は、レーザーのような波動を作り、カルマを浄め、苦しみを取り除きます。修行者は、伝授されたマントラを乗り物として、この世界の向こう岸（彼岸《ひがん》）の、永遠の存在、至高なる神につながっていくことができるのです。

神や仏のマントラ

観音経には、布教し信仰心を養っていくために、観音さまのお名前を唱えるということが記されています。「南無観世音菩薩」と唱えると、それはマントラになるのです。

観音経にはこう記されています。

「もし、三千大千国土《さんぜんだいせんこくど》という広大な世界がいっぱいになるほど多くの盗賊がいて、そのなかを大商主が率《ひき》いるいろいろな商人たちが、それぞれ貴重な宝物を持って、隊商を組んで、難路を通過しようとするとき、その中の一人が、

『皆さん、なにも恐れることはありません。観世音菩薩のお名前を一心にお唱えさえすればよいのです。この菩薩は、私たちに、恐れのない心を授けてくださいます。観世音菩薩のお名前を唱えれば、この盗賊たちの恐怖から解放され、悟りに導かれ、救われるのです』

と言います。そこで、その言葉を聞いた商人たちがいっせいに『南無観世音菩薩』と唱えるならば、観世音菩薩の功徳によって、一行《いっこう》は盗賊たちの危険から逃れることができるのですよ」

（筆者の現代語訳）

スピリチュアルな道は、まずは信仰する道です。ガイドはマスターが行います。ヒンドゥー教徒の司祭は、寺院で神の祀りごとを行い、ガイドとなっています。お稚児《ちご》のとき、結婚のときに、信仰への道であるマントラを授けます。

さらに大きくなると、偉大なグルのうわさを聞きつければ遠くまで出かけて弟子になり、マントラを伝授してもらいます。

なかでも、シッダーマスターは何百年に一度しか下界《げかい》には現れないので、その方に出会えることは幸運であり、特別なことなのです。その方からのマントラの伝授はさらに特別なことです。

正しい方法でマントラをいただき、強い信仰心を持って修行していくと、危機のときも救われます。信仰の力で、マスターの功徳によって、無限からのパワーが働くのです。大難が小難になったり、常に守られ運命が変わり、人生を楽に歩むことができ、幸せになるということなのです。

観音さまが、大乗仏教の信仰の対象となった理由

ブッダがいつ逝去《せいきょ》されたかについては、紀元前三八〇年あたりというのが有力な説です。ヒマラヤ秘教の成立後、膨大な年月を経て、ブッダが逝去されたわけです。

その後、五百年ほど経って大乗仏教が成立しました。観音経はその大乗仏教の経典です。

大乗仏教では、インドに広く行われている信仰と同じように、観音さまを信仰の対象に持ってきました。そして観音経には、観音さまは、慈愛の働きをはじめとして、さまざまな力があると説かれています。さらに、観音さまを信じ、そのお名前をお唱えすれば、慈愛の力をはじめとして、さまざまな力がはぐくまれると説かれています。観音さまへの信仰で、その恩恵をいただこうというものです。

観音さまは、インドで慕《した》われている最高神ヴィシュヌ神の、変化身《へんげしん》の考えを取り入れたのです。このことはすでに述べました。

それぞれの神には性質があります。ヴィシュヌ神の性質、シヴァ神の性質、それに応じて観音さまの性質もいろいろです。

人の心は迷います。人々の希望に応《こた》えるために、さまざまな性質の観音さまがつくられ、人はそれらを信仰していったのです。

この願いのときはこの観音さま、あの願いのときはあの観音さま、となっているほうが、人々にはわかりやすいわけです。また、そういうほうが、みんなが集中しやすく、精神統一しやすいのです。

こうして、さまざまなたくさんの観音さまの仏像もつくられ、人々はそれを尊び、礼拝しているのです。

しかし、いろいろな菩薩や観音さまをそのつど信仰したり、信仰するうえでのいろいろなやり方を覚えたりするのはたいへんです。ヒマラヤ秘教はそれらの源の教えであり、神への信仰を大切にし、神を表すマントラも大切にしています。

ヒマラヤ聖者はサマディで、すべてを覚醒《かくせい》したオールマイティの存在です。

そしてシッダーマスターはシヴァや、ヴィシュヌと同じエネルギーを体のなかに持っているのです。すべての神のセンターを浄め、そこに達し、さらに至高なる存在と一体となったのです。ですからマスターを信頼します。マスターにつながることで、どこの神々や菩薩ともつながり、願いを叶えることができるのです。

意識を高め、音を観る、マントラの修行

宇宙の創造の源、またこの小宇宙の創造の源から、光と音が現れました。そこに光があり音があるのです。そのことは、瞑想を深くしていくとわかります。

マントラの修行をして心が浄化されると、意識が進化していきます。すると音を観《かん》じて見られます。マントラの修行はいろいろありますが、マスターについて行わなければなりません。

観音さまは音の菩薩であり、それを観じるということを表しています。「観じる」というのは、「瞑想などで、心を静めて、ありのままを正しくながめ、悟る」ということです。

心の奥に愛があります。心はこの世界を生きていくのに大切な働きをする存在です。それを浄化すると愛が現れるのです。さらに愛が純粋となります。

観《み》ること、観じることで、アウェアネス（気づき）の状態になり、自分とその心を切り離して、心にとらわれないようになるということです。

ヒマラヤ秘教は、音の波動を主にする修行です。マスターからいただいたその音は、マントラです。祈りです。あなたは、神と対話をするのです。その波動をもって、信仰を行っていきます。

特にサマディマスター・シッダーマスターにつながることで、マントラにつながることは一体のものとなり、高次元の対象に導かれます。そのマントラ瞑想をサマディ瞑想といっています。

ヒマラヤ秘教の修行法で、カルマを一掃できる

過去生から現世の今に至るまでのたくさんのカルマが、心と体に蓄積されています。心はカルマを抱え、純粋な自己である魂を覆《おお》い、その人なりの価値観を作り上げています。

そういう自分の心のことを、私はマインドと呼んでいます。そのマインドが、恐れたり、心配したり、悩んだり、怒ったりするのです。

人は恐れや不安や怒りの心を抱えて、自分を防衛しながらカルマを生き、カルマをつくっているわけです。

そういうカルマを内側から溶《と》かして変容させ、一掃《いっそう》できるのが、マントラをはじめとするヒマラヤ秘教の修行法です。

ただし、正しいマスターからマントラをいただき、信頼していかなければ、修行することはで

きません。そのマントラは、安全にカルマを一掃することができます。

人は、動かない、永遠の存在である、平和で見えない源からディィセンディングされてきました。つまり、見えないものが、見える形のある物に現象化してきたのです。人は、その源から生まれ、さまざまな働きをする波動が集まって、肉体になって生きているわけです。

幸運なことに、ヒマラヤ秘教ではマスターのガイドで、マントラ瞑想（サマディ瞑想）や、そのほかのヒマラヤ秘法瞑想を行い、カルマを浄めることができます。それは変容の旅です。それは、アセンディングというプロセスです。

形が見えるところから、それを超越して見えない源にさかのぼっていくのです。そうすることで真理を知ることができます。これはサマディへの道であり、真理に出会っていくのです。

これを発見したのはヒマラヤの聖者なのです。

第4章　マントラで人生に奇跡が起きる

原因があって結果がある

聖なる波動であるマントラの修行で、今まで混乱していたエネルギーが整ってきます。エネルギーが整うと、いいものしか生まれなくなります。

自分の内側が混乱していると、生まれたものも混乱しています。原因があって、結果があるわけです。

体が疲れたり、疲労のあまり、乳酸とか毒素が溜《た》まっていたり、神経が疲れたりすると、夢のなかにイリュージョン（幻覚）が出てきたりするかもしれません。

そして悪魔と類似しているような、嫌なものを呼びよせて、いろいろな怖い夢を見ることもあるかもしれません。

これまで、私のところにマントラの秘法を拝受に来られた方たちから、私の書いた本を読んだだけで、ずいぶん楽になりましたという感謝の報告がありました。

そのひとりは、「十年間悪夢を見つづけて毎晩苦しかったのですが、ご本を読んでからぴたっと夢を見なくなりました。ヨグマタのおかげです」といいます。

これは一例です。このように、私の著書を読んで、すっかり楽になったといってくる方がたくさんいます。

自分はダメだとか、あの人のことは嫌いだといったネガティブな、否定的な気持ちが強くて、感謝の気持ちがないと、変な現象が現れることになります。

このように、悪い結果になるというのは、その原因があるということです。

窮地《きゅうち》に追い込まれたり、経営している会社が倒産したり、まわりの人から恨まれて四面楚歌《しめんそか》になったりする現実は、すべて自分のなかから生まれてきているのです。悪い原因があるから、悪い結果になるのです。

それまでの心の使い方が、人を責めたり、自分を責めたり、感謝が足りなかったり、否定的であったり、いつも怒っていたりすると、いいものは生まれません。

心が混乱していると、いいものを生み出すことはできないのです。

否定的なカルマの層が厚いと、良い刺激であっても、否定的に反応してしまうのです。

いいものしか引き寄せない、その理由

観音経には、観音さまにお願いして、精神統一をしていると、観音さまの不思議な力で、こうなります、という功徳《くどく》が、さまざまに述べられています。「功徳」という言葉は、もともとサンスクリット語で、性質とか、属性の意味でした。

仏教では、善根《ぜんこん》を積むことによって得られるすぐれた性質や利益、効能、福徳、神仏によるご利益《りやく》、恵みといった意味で用いられるようになりました。

観音さまは限りない功徳を備えられたお方であり、人々にさまざまな功徳を授けてくださるわけです。

そうした功徳をもたらす力は、悪いものを退治するパワーであったり、良いものが得られるパワーであったり、病気を治すパワーであったりします。

ヒマラヤ秘教のマントラも、カルマを浄《きよ》めて、災《わざわ》いをもたらさないようにします。

マントラの修行をすると、悪い念波はまったく来ません。否定的なものは引き寄せないのです。

観音さまを信仰し修行することで得られる奇跡が、経典のなかに書かれていますが、それと同じように、現実に今、マスターを信頼して、災いから救われたり、願いが叶《かな》えられているのです。

また、病気が消えたり、さまざまな奇跡が生じます。それは日々、私のところで起きていることです。ヒマラヤ聖者が修行をして限りない功徳を積んだので、その恩恵が授けられるわけです。

ヒマラヤ聖者は純粋意識を持つ存在であり、サマディのステージにあり、すべての体と心のからくりを知り、人を助けることができます。人に恵みをもたらす存在です。

あなたも、純粋なエネルギーにつながると、いいものしか引き寄せないのです。

災難から免れる秘密

このパワーが生まれるのは、マスターへの信頼と、修行をすることで、神からの祝福によってカルマが浄まるからです。

サマディマスターよりいただくマントラは、カルマを浄め、心身を変容させます。そのパワーをいただくと、災いを取り除いてくれるのです。

マスターにつながり、祈り、瞑想《めいそう》をしていくと、パワーをいただくと同時に、いつも守られることになります。

たとえば、地震が起きても、その家だけは大丈夫であったりします。豪雨により付近一帯が水浸《びた》しになっても、その家だけ大丈夫であったりもします。

そのような報告が、しばしば私のところに届きます。

何かの事故にあっても、大難が小難になり、本来なら死ぬほどの出来事が起きても、一人だけ無傷であったりします。

また傷が早く治ったり、骨折がすぐに癒《い》えたり、がんが消えたり、自律神経失調症が消えたりします。

私は病気を治すためにやっているのではなく、悟りへの道をガイドしているのですが、サマディマスターを通して真理につながり、深いレベルからの恩恵をいただいて、すべての災難が消えて、本来の姿が甦《よみがえ》るのです。

日々、マントラの修行をつづけていると、悪い念波はまったく来ません。ネガティブなものは引き寄せないのです。

悟りのマスターから真のマントラをいただくことは、とても大切なことです。そして悟りのマスターが浄めたマラ（数珠《じゅず》）も、計り知れない恩恵をもたらします。

ヒマラヤの聖者のマスターが浄めた特別なマラを持っていた人々が、地震で周囲の家が倒壊したのに、自宅は大丈夫だったという報告を受けました。それはネパールの人々のことです。

もちろん、こうした奇跡的な結果が現れるのは、マントラ修行のみが原因ではありません。信仰をもって総合的に修行をしていくことによります。

信頼や信仰と、引き寄せる力

信頼をすれば信頼が返ってきます。もし疑うなら、疑いが返ってきます。これはカルマの法則です。

これは日常の人間関係についても、当てはまることです。

常に良い原因となる正しい心を持ちつづけることが大切です。何事にも、学びとして感謝の気持ちで出会っていきます。

ヒマラヤ秘教の修行をすると、カルマが浄まり、いいものを引き寄せる人になります。

自分からいいエネルギーしか出ていかないので、いいものしか引き寄せないのです。

また心が空っぽになり、マスターを橋としてパワフルな力を借りて、思ったことが実現するようになるわけです。

こうなりたいと思ったら、それが実現するのです。
そのパワーが、いいものを引き寄せる力になるわけです。
何の疑いもない信頼や信仰というのは、幸せを引き寄せる力につながるのです。

心身を浄める方法はいろいろありますが、本質の信仰につながるとよいのです。ただ浄めても高次元の存在とつながっていないと何かの憑依《ひょうい》現象を起こし、マインド（心）を強め、思い込みになります。

できるなら悟りのマスター、純粋意識につながり、カルマを浄めると、良いものだけを引き寄せていくことになるのです。

あなたと、神つまり高次元の存在とは、シッダーマスターのディクシャというエネルギー伝授によってつながるのです。それは絆《きずな》であり、信頼の関係です。マスターからサマディパワーのエネルギー伝授をいただいて、浄めます。

そのことで、あなたの受け取る力が増大します。シッダーマスターが橋になって、無限の存在、神からの恵みを受け取ることができるのです。

あなたが、いただいたマントラの修行を行うと、心が浄まるとともに絆が強まり、神の力を引き出し、願いが叶います。良いものを引き寄せ、良い運命になっていきます。そのことに感謝します。

自分の思いが形になっていきます。

しかし、セルフィッシュな願いは実現しません。あるいは災いとなります。修行のプロセスで悪いカルマが溶《と》けて、悪い現象が起きることがあります。そのときは気づきをもって見守り、心を働かせないことです。

もっともっと善行を積みます。そして無欲で心の思いを流していきます。信じる心が大切です。感謝の心で見守るとともに、気づきをもって離れて見ることも大切です。

心が否定的にならないようにしましょう。各種ヒマラヤ瞑想《めいそう》秘法をさらにおこなうとよいでしょう。

マントラの修行で、平和になっていく

人はいつもマインドとともに、生きています。そして、無意識にマインドを使い、常に消耗《しょうもう》しています。それは長い過去生からの癖《くせ》で、その癖はそう簡単に正されません。

そのマインドは、たえず変化しています。そして、心は何かの刺激でリアクションを起こします。自分の価値観との違いで嫌な感覚を覚えたり、あるいは逆に好きで執着します。また相手に期待したり、自分と比較したりして心が働きます。

自分に不足していることを探す人もいます。いつも何かを得たいと思い、得られないと苦しんでいます。

また失うことを苦しみます。常に不安や心配を抱え、いつでも思い煩《わずら》っていて、安らぎがありません。

人はマインドが不安定なまま、毎日の生活を送っているわけです。

シッダーマスターからいただいたマントラの修行、あるいはマントラの瞑想をしていくと、常に揺れ動くマインドを鎮《しず》めることができます。混乱した否定的な心が整理整頓され、そこから離れていることができます。

そのほかにも各種のヒマラヤ瞑想がカルマを浄化するのを助けます。思いを流します。トラウマを積極的に取ることもできます。気づきを深め、マインドにはつながらないようにしましょう。

そうすると、平和になっていきます。

マントラで運命が変わる秘密

マントラをいただいた子どもの実例をご紹介しましょう。

A君は、学校でいじめっ子に苦しめられていました。

A君はディクシャを拝受して、マスターからの高次元のエネルギーで内側が整えられ、楽になりました。

そして、そのときいただいたマントラで、心がさらに落ち着いて、元気になりました。

次の日、A君が学校に行ったところ、そのいじめっ子が、すごく優しくしてくれました。

そこで学校帰りに、A君はそのいじめっ子の家に行って遊んできたのでした。マントラの修行のおかげで、マントラの波動が心の恐れを浄化したのです。A君は「いじめられるのではないか」という恐れが取れて、神につながったのです。

そしていじめていた子も、相手からいじめられるという不安のエネルギーを感じなかったので、すっかり優しくなったのでした。

そのように、人は変わるのです。とくに子どもの変化は早く、たちまち変わってしまいます。ある波動を出すと、同じような波動を引き寄せてしまうので、自分の波動が変われば、状況が変わっていくのです。

類は友を呼ぶという言葉のとおり、怖れとか、嫌いだとか、苦手だとか、憎いといったネガティブな波動を持っていると、同じ波動の人を刺激してしまいます。

その結果、その人にいじめられたり、逆上されてしまったりするのです。

いじめられないようにしようと思っても、どうすればいいかわからない。無意識の緊張を引き出す心の動きは、相手に伝わってしまいます。

波動が伝わってしまうのです。

そして心で変えようと思っても、心と自分の波動は共通していますから、たとえ否定から肯定に変わっても、本質的な波動は変えられないのです。

次元を変えて救済する力がある

ヒマラヤの聖者はサマディをなし、その波動が純粋なので、人のカルマを重いところから引き上げる力、すなわち次元を変えて救済する力があります。

さらに、ヒマラヤの聖者からいただくマントラは、自分の質を変える力があります。それによって運命が変わるのです。

ですから、マスターにつながることで、その人の波動は引き上げられ、心の波動を超える体験をしたのです。

マントラをいただいて、信仰し修行をしたことで、運命が変わったのです。

あなたが誰かに初めて会うときは、無意識にこの人はどういう人かとチェックしたり、一種の緊張を覚えたりしませんか。

しかし、どの人にも純粋な存在である神さまが宿っています。どんな人に対しても、人類みな兄弟だと開き直ればいいのです。

相手が信頼できる人かと、チェックしないで、お会いできたことをすべて学びと思い、感謝の波動を送るとよいのです。そして、自分の中心にいることが大切なのです。

人はマインドとともにいるので、緊張するキャラクターや、心配の心、あるいは過去にいじめられたといった体験があると、いやな思いにすぐつながってしまいます。

あなたは、そうしたマインドを超えていかなければいけません。

そのことが楽にできるのが、マントラという、聖なる波動につながることです。そのことによって、マインドを超えていくのです。

マントラをいただき、信じ、またその聖なる波動を広げていくことで、自分が平和になり、さらに世のなかも平和になっていくことができるのではないかと思います。


このように、マントラの修行は大きなパワーを作り出していきます。

その存在には、変容をさせる力があります。

マントラには、その音の波動がレーザーのように働き、その人の心のこだわりを取り除く力があるのです。

しかし、単に本から引き出したマントラを唱《とな》えても、そのマントラがどんな作用をするかわかりません。

あなたは、正しい拝受の仕方を経て、マントラをいただくことが大切です。なぜかといえば、その波動があなたをつくっていくからです。

ですから、真のマントラは、シッダーマスターからいただくとよいのです。

私のところではマントラに加えて、心の曇りのさまざまな原因になるものを、いろいろな気づきや秘法で溶かして、心を自由にしていきます。特に相手を助ける慈《いつく》しみの心を養うと、どんな人にも慈愛を出し苦手意識が消えて、人間関係が円滑になります。

そして高次の存在を信じるなら、その守りをいただいて、心は安定して楽になります。

言葉よりもさらに細かい波動をつくる

祈りは心の気持ちを伝えます。エネルギーがその方向に働きます。祈りはスートラ（１４１ページ参照）です。

私は正しいパワフルな祈りの言葉を順次、伝授しています。それは真理の道への歩みを確かにし、理解を深め、美しい生き方に向かわせます。

マントラは、言葉よりもさらに細かい、微細で精密な波動をつくることができます。

そして、その精緻《せいち》な波動が、それぞれの目的の神さまの名前や、神さまの質全体を表しているわけです。

マントラを唱えるにあたっては、神さまを信頼し、おかげさまで大丈夫だと思うことも大切です。いい言葉を祈ることによって、いい方向づけがされます。

今日いい心で過ごせますようにとか、一日お守りくださいと祈ることによって、そういう方向づけをして、心が自分のエゴのほうに行かないようにするのです。

マインドは、いつも心配とか、疑いとか、批判といったほうに向かう癖《くせ》がついているので、そのように祈ることによって、マインドが正しい方向に向かうのです。

特に高次元につながる祈りがよいのです。祈りで良い方向に導かれ、悪いカルマを積まないようになっていきます。

ヒマラヤ聖者が橋になる

ヒマラヤの教え、すなわちヒマラヤ秘教は、初歩から本格的な修行までの幅広いものです。

ヒマラヤ聖者は悟りを得るために、心身を浄化しきって、執着《しゅうちゃく》を取り除き、死を超えて究極のサマディを成就《じょうじゅ》し、真理を悟りました。

今、シッダーマスターである私が橋になって、ブレッシングをしています。

ヒマラヤへ行かなくても、ふつうの日常生活を送りながら、ヒマラヤ秘教の修行をして、最速で恩恵を受けることができるのです。

修行をしたいといっても、たやすく出家することはできません。しかも日本は、出家しても、インドのように、みんなが受け入れてくれるような社会ではありません。ですから、修行は私のセンターで安全に守られながらやるしかありません。

その修行というのは、どこかでひとりきりになって、自分と対峙《たいじ》するばかりではなく、お互いが鏡となる、グループでの修行もあります。それは瞑想を加えて行うものです。

自己流で、師も持たず、質の悪い修行をだらだらやっていても、しかたありません。質が良く、そしてパワーがあって、人のなかにいても迷わずにできる修行の精神を身につけることが大切です。

私が主宰するサイエンス・オブ・エンライトメントでは、合宿のときなどに、さらに大きな学びを得ることができます。ヒマラヤ秘法は洞窟《どうくつ》に入って自分をずっと見つめるわけです。皆さんもそれと同じ状況を作らないと、なかなか自分の深いところに出会うことができません。もう一生をあきらめなければならなくなります。

しかし幸運なことに、効果的な修行を体験できるのです。なぜなら、そこでは悟りのマスターの祝福と智恵があり、短期間でできるからです。

段階を追ったコースに、修行三昧《ざんまい》の合宿があります。合宿では秘法の伝授がたくさんあり、そういうときは、三日間または七日間、修行三昧になっています。

師を持たずひとりで修行する人がいます。そういう人で、潜在意識に否定的な体験を持つ人は、自覚がないまま修行をして、実際にパンドラの箱を開けたようになってしまい、危険です。

安心して修行するには、マスターのパワーと智恵と愛が必要なのです。

信仰を深めて安心して修行できるように、ベーシック、アドバンス、合宿と、集中的に深い意識に入っていただいて、皆さんが変容していきます。

安全なプロセスを経て、すみやかに、多くの人が幸せになっているのです。

あなたのなかに、純粋なクオリティがある

私が主宰するサイエンス・オブ・エンライトメントは、大乗と小乗を含む、実際に体験をして変容し、楽になる教えです。

あなたのなかにある純粋なクオリティ、それは慈愛でもあります。

また、インナーサウンドを見るような静寂な意識であり、智恵です。それに気づいていくことが大切です。

そして菩薩のように、純粋な存在として、愛を中心にし、心を超えて生きるのです。太陽のように生きるのです。それは人を生かす生き方でもあります。

マントラ修行を行い、瞑想を行います。また観る意識をはぐくみます。

そうして常に、神と自分の本質を信仰し、さらに最高の各種の秘法の実践をして変容し、生まれ変わります。それとともに、祈りと瞑想を行います。

今、ヒマラヤ秘教の実践で、日々たくさんの悩める人が救われ、悲観的な人生観が変わり、奇跡的と呼ばれる出来事が、常に起きています。

それらの人たちは、困難を乗り越え、人生と生活が様変《さまが》わりして、幸せになっているのです。

自分を信じ、純粋意識の生きたマスターのアヌグラハという、神の恩寵をいただきながら、外

側から思想で洗脳されるのではなく、内側が浄まり、変容していきます。このことが大切です。

そうして、カルマに振り回されない、本質のあなたに生まれ変わっていくのです。

それは、今までに類のない変容がいただけるということです。

新しい生き方は内側のカルマを溶かしていきます。それは人としての、本当の生き方なのです。

奇跡はいつも起きている

次に、そのように運命が変わった人たちの声を掲載いたします。体験談をまとめて並べるのではなく、以後、各章の最後にひとつずつ入れていきます。

真理への道がマスターによって安全に開かれ、奇跡はいつも起きているのです。そして、これらの方々と同じような体験が、あなたにも起きるのです。

あなたが悟りへの道を歩むうえで、これから掲載する体験談は、参考になると思います。

体験談①相手との壁がなくなり、業績が飛躍的にアップ

瞑想に出会う前は、仕事中も、生活のなかでも、いつもあれをしなければ、これをしなければと、何かに急《せ》かされる状態でした。それが、現在は急かされることなく、目の前のことに集中できるようになっているのを感じます。

仕事は営業をしていますが、以前は、相手との間に壁のようなものがあり、緊張やエネルギーの消費をだいぶ感じていました。それが、今では緊張もほとんどなく、自然に相手の方と接することができており、成績も非常に良くなっています。

そのため、会社での人間関係も以前と比べると、驚くほどに良くなっています。

会社のなかでの自分の考え方も、以前は実績が上がるようにと、いつも自分のことを中心に考えていましたが、今は他《ほか》の人の気持ちがわかるようになり、他の人のために自然に行動できるようになっています。

生き方も、あれが欲しいこれが欲しいという思いが減り、今の生活に感謝できることが多くなってきました。

瞑想も、最初の頃はいろいろな思いが浮かび、時間が長く感じていましたが、新しいマントラをいただくたびに瞑想が深くなり、行うことが楽しみになっています。本当に変えていただき、ありがとうございます。

これからも、よろしくお願いいたします。

（三重県　六〇代　男性／会社員）

第5章　慈愛の力で純粋な人になる

「解脱」で人々を幸せにする

観音経にはこんなくだりがあります。

「もし、世の中の数えきれないほどの迷える人々が、さまざまな苦悩を受けたとしても、観世音菩薩のお名前を一心《いっしん》にお唱《とな》えしたならば、観世音菩薩はその音声《おんじょう》を観《かん》じて、それらすべての人たちを苦悩から解放して、悟りに導き、救うのですよ」

（筆者の現代語訳）

観音経での、観音を信じ、苦しみから脱却させてもらうことは解脱《げだつ》のことです。観音さまの生き方は、人々のなかにあって悟りを目指しながら人々を救うという解脱の道です。

ヴィシュヌ神は愛のシンボルです。その生まれ変わりがブッダです。ブッダは慈愛を説かれました。またそのブッダに絶対的にサレンダーし、信じたのが観音さまです。

人の数だけ心が違うように、悟りの道においても八百万《やおよろず》の道があるといわれます。聖者の個性によって厳しい道、楽な道といろいろです。私はそのなかでも総合であり、最高の修行があるヒマラヤ秘教に出会いました。それはすべての教えの源流です。神となる道です。

私は究極のサマディに達し、最終解脱を成就《じょうじゅ》しました。

真理、つまりブッダとなったのです。それは観音経の解脱への道に、さらに本格的な修行が入ったもので、自分が実際に変容して、真理となったのです。

この体や心はどうなっているのか、神とは、愛とは、命とは、それらすべてを知りました。そうして、サマディからのパワーと愛をシェアしています。

だからといって、皆さんに私と同じことをしてくださいということではありません。私のサマディの功徳《くどく》で、アヌグラハという神の恩寵《おんちょう》によって、あなたを変容させていくことができるのです。

あなたは苦労しなくても、その道を進むことができます。私は人々を幸せにするために、苦しみから解放するために、サマディパワーと秘法をシェアしています。この世界とあなたの心を平和にするために、悟りの道のガイドをしています。

ディクシャを与え、サマディからの純粋なエネルギーと慈愛と智恵で人の苦しみを溶《と》かし、マスターとの霊《れい》的な絆《きずな》で、あなたにパワーを送ります。それを信じて、悟りへの道を進んでください。

私は、聖なるマントラを与えます。あなたは、マントラの神聖なエネルギーにつながり、守られ、心身を浄《きよ》められ、苦しみが溶けていきます。高次元の存在とその音の表れであるマントラを一心に信じ、修行するなら、どんな苦しみも溶かされ、救われるのです。

信じる心が大切です。それによって、皆さんは苦しみから救済されていきます。

マントラは、人の心身の暗闇を光に変えていきます。無明《むみょう》から光明《こうみょう》に導きます。永遠の命を知っていく解脱に導いています。

ヒマラヤ秘教の伝授するマントラには、レーザーのような大きなパワーがあります。

その音の波動は、神に届きます。深いところから無限のパワーが働き、愛を湧《わ》かせ、智恵を湧かせ、静寂に導くのです。

ヒマラヤ秘教のマントラには、生きたマスターの修行の功徳であるサマディパワーの恩寵が加わっています。ですから、すみやかに効果が表れるのです。

その声は、神にすみやかに届けられ、願いが叶《かな》えられていきます。

もちろん、マントラ修行を信じる心で行うことで、最速で幸せになっていけるのです。

混乱の社会に求められている修行法

心を浄化して苦しみを取り除くために、マントラを与えています。それはカルマを浄化する力があります。

マントラは神からの波動の音です。高次元の存在につながり、災いを溶かす智恵のマントラが伝授されます。オールマイティのマントラと、愛やパワー、智恵のマントラがあります。段階を追って、あなたに合ったマントラが伝授されます。

あなたのなかに純粋な愛のエネルギーがあります。それはまさにヴィシュヌ神のエネルギー、ブッダの慈愛のエネルギーです。観音さまはブッダを信じ、その慈愛を体現したのです。そうした慈愛は誰のなかにもあるのです。

神を愛し、マスターを愛し、そのエネルギーを強めます。そのことでカルマが浄化されます。そしてなによりそれを早く目覚めさせるのがマスターとのつながりなのです。

あなたが出会う人のなかにも純粋な存在があります。人はみんな神の子なのです。カルマの違いばかり見るのではなく、内なる純粋性を信じ、向かい合っていきます。その人にも神に出会うため、純粋な苦しみのない道に出会うディクシャにつなげるガイドをします。信仰と愛を育み、悟りを目指す道をガイドします。それがあなたのカルマを浄化する道なのです。

社会のなかで生活をしながら、人を救うという良いカルマを積み、愛を育《はぐく》みます。それがまさに悟りへの道、苦しみを溶かす道になります。

あなたの慈愛を大きくしていくのです。心の執着《しゅうちゃく》や否定的な心が、慈愛で溶かされ、浄化されます。これはあなたのなかの愛のセンターを目覚めさせ、愛を育み、愛そのものになるという悟りへの道です。

ゆるぎない信じる心で行います。これをバクティ（愛行）の道といいます。神を信じ、マスターを信じ、愛します。

そして愛を汲《く》み出して、慈愛をもってまわりの人を助け、信仰に向かわせるのです。それに導かれた人の喜びで、あなたはさらに浄められていくのです。これはあなたが社会のなかで行う最も効率的な修行です。

愛はこの世界を動かしているエネルギーです。それを強めながら、生かしあいながら生きられ、さらにそれが真理に向かうことになる。なんと素晴らしい生き方でしょうか。

今ここにアヌグラハの恩寵があります。それによって守りとガイドをいただいて、このことを楽にすすめて行くことができるのです。

最高の解脱への道です。ヒマラヤ秘教の恩恵があるので、それが最速で起きていくのです。

人のなかにある慈愛の力

観音菩薩は、慈愛を実践した方です。宇宙の根源にも慈愛があり、その愛によってこの世界は創られたのです。

そして、もともと私たちの体の奥深いところにも慈愛があります。それは無条件の愛です。そのことを少し見ていきましょう。

子どもを育てるという女性の母性愛にも、とても強いものがあります。

子どもを育てる動物を見ると、母親は愛をもって大切に育て、父親は外に獲物《えもの》を取りに行きます。

なかには、父母の役割が逆の動物もいるようですが、子育てで大きな役割を果たしているのは、ほとんどが母親です。

動物の母親には、そうした本能が自然に備わっているのです。父親は、敵が来るとめざとく見つけて、噛《か》みついたりするというかたちで、母子を守っています。

それぞれに、そのようなことができるホルモンが分泌《ぶんぴつ》されているのかもしれません。

また母親には、自分のおなかがすいていても、子どものおなかを満たしてあげたいという気持ちがあるものです。

ふつうは、まず自分という気持ちが強いのですが、母親には自分が犠牲《ぎせい》になってでもわが子を守るという、慈愛があるのです。

しかし子育てが終わると、徐々に執着になっていったりします。

女性として生まれると誰でも、そういう慈愛を本能的に持っているのですが、それを持ちつづけるのは、子育てのときだけのようです。

ですから意識的に、子どもへの愛から宇宙的な愛になる、バクティの修行を深めていくのです。

カルマを浄化しないと、宇宙的な愛にはならない

自分の子だけがかわいいという偏愛ではなくて、すべての人に対して心温かい差別のない心と、宇宙的な愛を持つようになっていくには、カルマを浄化しなければなりません。

女性に与えられた「子どもを育てる慈愛」を、本当の愛、聖なる愛に高めていきます。

そのためには、本来の慈愛をずっと持ちつづけて、進化させていきます。

それは、本質からの愛をはぐくむということです。神を愛し、自分の純粋性を愛します。

そしてすべての人のなかの純粋性を目覚めさせていくのです。それは信じる道、純粋になる道、真理への道にガイドするということです。

女性だけでなく男性も、その修行が必要です。カルマを浄化しないと、宇宙的な愛にはならないのです。


多くの人は、マインドに振り回され、セルフィッシュに自分だけの利益を求め、自己防衛に精を出して、日々を送っています。

「この人は私より幸せなのだから、べつに愛さなくていいのよ」などと突き放すのではなく、カルマを浄《きよ》め、慈しみの愛、神聖な愛の持ち主になってください。

そして、いろいろ与えてくださった神に、ありがとうございますと感謝をしてください。

まわりの人すべてを平等に深く愛し、できる限り助けてあげてください。

しっかりと修行をして、はるか高みにまで意識を進化させましょう。

無限の愛の実践で、内側からの品格と神聖な美しさが現れてくるのです。

愛のセンターは、心の奥にあります。胸のチャクラを浄めると、慈愛を早く目覚めさせていくことができます。

慈愛を大きくして、純粋な、智恵ある人になる

ヒマラヤ秘教の修行をしますと、意識が進化して執着がなくなり、思い込みがはずれ、最終的には愛や智恵が湧いて、意識が進化するのです。

タマス（暗性）のエネルギーからラジャス（激性）、さらにサットヴァ（純性）となり、純粋になります。何もない「空《くう》」のエネルギーが多くなり、性別の違いもあまりなくなり、神聖な人になっていくのです。神々や聖者もそうした存在です。

そのように、神を信じ、心を浄化することが大切です。

心の奥にあるハートのセンターが浄化されると、慈愛が強められます。

神とマスターを愛し、まわりの人を助けます。慈愛を大きくして、純粋な、智恵ある人になっていく生き方がよいのです。

人の哀《あわ》れみ、悲しみがわかり、理解し共感して、さらに前に進んでいきます。

それは純粋な愛、無償の愛にほかなりません。

私のところでマントラをもらうと、子どもを楽に育てることができます。

子どもがディクシャを受けると、エネルギーですぐさま内側が整い、心が落ち着きます。子どもも自身が素直になり、頭がよくなり、安定します。母親も、安定して子育てが楽になります。神

聖な存在からのパワーをいただき、ほうっておいても、いい子になります。

母親も、ディクシャを受けるとよいのです。さらにマントラをいただいて、日々カルマが浄められます。

母親が幸せになることで、その波動を受けて、子どもが素直になり、元気になるのです。

それまでは子どもが神経質になって、寂しい、寂しいと言っていたり、お母さんが煩《うるさ》がっていたり、子どもが心配でたまらなかったりしているのが、神を信頼し、神さまにお任せすると、お母さんが安心して、楽になるわけです。

また、必要以上に子どもの世話をやく母親もいますが、そういうこともなくなります。

そのように、バランスが取れた子育てができるようになっていくのです。

また、お母さんがいつも怒ったりしていると、お母さんのヒステリーが子どもに移ってしまうようなことにもなりがちです。

ところが、お母さんのバランスが取れてくると、子どもは宇宙のエネルギーをいただいた「宇宙の子」になっていくのです。

現代は情報がありすぎて、親は本来の自然のあり方がわからなくなってしまって、頭で育てようとしているのかもしれません。

純粋な愛で、子どもを育てればよいのです。そこには、大きな力があります。

その純粋な本当の愛の人になるのが、ヒマラヤ秘教の修行なのです。

そして自分の子どものみをかわいがるのではなく、みんなのことを大切に思う心に進化していくのです。

エゴを取り去って由緒正しいマントラを唱える

マントラはさまざまなことに効くのですが、いわばターゲットを設けたマントラもあります。たとえば、成功するマントラや病気を治すマントラ、悟りのマントラ、誰かを供養《くよう》するときのマントラ、死んだ人を弔《とむら》うときのマントラなどです。

最初は、カルマを全部浄化しきるマントラを差し上げています。それによって、カルマを浄化するのです。

マントラについて、気をつけていただきたいことがあります。

マントラは強力なだけに、由緒正しいマントラであることが望ましい、ということです。誰か友達から聞いたり、何かで知ったマントラであってはよくないのです。

修行して悟りを得た高い意識の持ち主で、マントラをよく知るマスターから伝授されるのが理想です。

広く知れわたっていないもの、公開されていないもののほうがよいのです。

マントラの作り出す波動が、その修行者を変えていくのですから、その人に合った正しいマントラでなければなりません。その波動は源《みなもと》に達する力がなければならないのです。それは普通の音ではないのです。もっと高次元の波動を持った音です。ヒマラヤ聖者が持つものです。

パワフルなヒマラヤ秘教のマントラ

また、そのマントラは、何を表していて、どのような性質であり、どこにどのように働くのかを、マスターはわかっていなければなりません。

それらのことがよくわからないまま、マントラを授けるようなことは、けっしてあってはいけません。

マントラには大きな力があるので、正しく扱わなければなりません。間違った伝授をしたり、マントラを間違えて使ったりすると、非常に危険です。

また、悪い心や否定的な心でマントラを唱えると、悪く働き、良くない結果をもたらしますから、きちんと感謝と尊敬の念をもって行う必要があります。

マントラは、自分も人も破壊するほどの力があるものなのです。マントラを悪用して人を陥《おとしい》れることもできるくらいなのです。

悪い、ネガティブな心で、軽々《かるがる》しく使うことは厳禁です。

マントラはサンスクリット語で伝えられます。観音さまのマントラもサンスクリット語になるのが理想と思います。

マントラには、公《おおやけ》になっているマントラと、ヒマラヤ秘教のマントラがあります。ヒマラヤ秘教のマントラは、パワフルです。それはマスターからの直伝《じきでん》で、人に言ってはならないものです。マスターを通して伝えられると、それがパワフルになり神聖になるのです。私のところでは、その聖なるマントラを伝えています。それは秘密のマントラといえるでしょう。

マントラは、どんな方法で伝えられるかに、大きな意味があります。そのことがとても大切です。

それゆえ、マントラの効果をよく知る人から、いただきます。

ですから、単に本からマントラを取り出して行うということがあってはならないのです。また正しく使用する方法を学ばないうちは、マントラは行ってはなりません。悪い心がけであってはならないのです。

そして、拝受に当たっては、信じる心が大切です。

マスターが、汚れたカルマを引き受けてくれる

マスターは苦行で、最終解脱を果たしました。そのエネルギーの恩寵をいただくのが、シッダーディクシャ拝受です。

それによって、サマディパワーの直接の伝授のタッチや、智恵や、愛をいただくのです。そのように浄まったうえで、マントラが伝授されるのです。

そうして、カルマを切り離し浄め、変容して、さらに悟りに向かっていくのです。

何生《なんしょう》もの間、心に翻弄《ほんろう》されて苦しんでいるところから、引き上げられ、その瞬間から楽になり、生まれ変わることができるのです。

そして、今までとは違った真の解放への道を歩むガイドが受けられるのです。

今までどこに行っても浄められなかった、良くならなかった内側のカルマが浄められて、きれいになるのです。

シッダーディクシャは、それを伝授するマスターが、その方の汚れたカルマを引き受けて浄めてあげるものです。

その行為は、ふつうはマスターの命を縮めることであり、ヒマラヤの聖者はほとんどそのことを行いません。

なぜなら、せっかく修行して浄めた心身と魂を汚すことになり、危険であるからです。

私は、ディクシャで人から受けたカルマを、サマディに没入することで浄めます。

今なお、皆さんのためにシッダーディクシャを行い、命を張って人々を救っています。

ですから、シッダーディクシャを受け取る人は、絶対に修行をつづけていただきたいのです。

誠実で、嘘《うそ》のない姿勢で、拝受していただきたいのです。

自分の過去生からのカルマを浄めていただき、マントラの秘法をいただくのです。

感謝を差し出すのが嫌だとか、サマディマスターを信じないけれども浄めてもらいたいとか、ただお試《ため》しにという気持ちで受けたりすることは、たいへん失礼なことなのです。

ディクシャを受けると、それから浄めていく修行に入ります。

マントラの修行は安全なのですが、長い年月がかかります。そしてマスターを信じマントラを信じて、さらに、マントラで浄める修行を続けて生きていくのです。

マインドの働きが強まることによる危険性

マントラ修行とは、死ぬまでずっと行っていくものなのです。信仰を深め、マントラの修行を進化させていきます。それは神のマントラ、つまり創造の源に向かうマントラであり、解脱に向かわせるものであるのです。ですから、しっかりと修行していくのです。

誰もが、神につながらないと苦しみます。その苦しみから解放されるのです。

神やマスターとのつながりは、霊的なつながりです。体が寿命でなくなったとしても、魂と神はずっと続いていくものなのです。心の曇りを取り除く橋がマスターとの橋であり、マントラなのです。そこから離れてしまうなら、また前のエゴの心に戻ってしまうのです。

ディクシャを受けたなら、ずっとマントラ修行を続けていきます。新しい生き方です。あなたが神聖な人になる道です。

愛を使い、感謝を使います。常に良い心でいることが大切です。すると、すべて自分の思いが実現していくのです。願いが叶う純粋な状態にしていっているのです。

これからはもう決して悪いことは思わない、そういう練習をしていかなければならないのです。心は同じ質のものを引き寄せます。悪い思いを持つと、悪いものが引き寄せられてしまいます。それが心の働きです。そういう宇宙の法則を知って、しっかりそれを正しく使っていくということが大切です。

自分を悔い改めないと何も変わらないのです。今までは無意識に人を責めたり、自分を責めて自分を罰することで、罪の意識を軽くしていたのかもしれませんが、それは自己の防衛です。それはエゴの喜ぶ生き方なのです。そうしたエゴではなく、魂の喜ぶ生き方を選択します。悪い思いのマインドにスイッチが入ると、神につながっているのでその働きが強まり、苦しみが増すようになる場合もあります。心が浄化された分、外から引き寄せられるようになっているからです。

ですから絶対に否定的に思ったり、疑ってはならないのです。その思いは潜在意識まで活性化させるからです。常に純粋な心を選択していく決意をしてください。

世界中で類を見ない、ディクシャの伝授

ヒマラヤの真理の学びを尊重することが大切です。

たとえば感覚の喜びをもたらすカレーライスを食べなくなって、味覚の喜びを失っても、なんともありませんが、マントラとマスターと神との関係は、命をつなげているものです。

それを切ることは、どんな結果になるか、わかることと思います。

マントラをいただく場合は、すべて誠実に向き合い、常に信頼する感謝の心で受けていくことが大切です。

まずマスターのディクシャで浄めます。マスターと信頼でつながります。

そしてマントラの伝授をいただき、正しい姿勢でマントラを使っていきます。

すると、マントラは大きな力を発揮し、あなたを良い方向に大きく変えてくれます。

私のディクシャの伝授は、世界中で類を見ないものです。

それは、私とパイロットババジしか行わない、ヒマラヤ聖者ハリババジからの尊い教えの伝授です。サマディヨギにしか伝授許可が与えられていないものなのです。

体験談②人間関係が激変、人生を楽しむ日々

ヨグマタジと出会う前の私は、自己防衛の塊《かたまり》でした。人が怖くて逃げ隠れをしていました。将来が心配でした。そして、日帰り温泉に行ってばかりいました。

いろいろなスピリチュアルな本を読《よ》み漁《あさ》り、宗教や自己啓発や霊能者のところに行き、時間とお金を使いましたが、どこもある程度経つと、本物でないと感じ、暗礁《あんしょう》に乗り上げました。

もう何も信じない、温泉通いでもして、人生適当に生きよう。現実からときに逃げながら、うまくやっていこう。人生にすばらしさを見つけることは諦《あきら》めて、寿命までなんとか乗り切ろうと、まじめな気持ちで生きることをやめるつもりでした。

それでいて、子どもがいじめられるのではないか、といつも恐れていました。

また、人間関係をつくること自体が怖くて、ひとりでいることが多かった私です。

嫌われたり、ばかにされたり、いじめられるような気がしていました。そして、辛《つら》いことに本当にそうなってしまったり、そんな不安どおりになってしまったりするのです。

自分に自信がなくて、おどおどして、さみしげな私でした。子どもの参観日などはそれを悟られないように、どうやってふるまおうかと、友達がいるように見せたくて、話しかけてみたり、どんな人に見られているか気にしていました。

帰ってきたらぐったりして、ご飯をつくるのが億劫《おっくう》でした。寝込んでしまうこともあったかと思います。

他の人が、みな自分よりタフに見えました。それで、また自分はダメなお母さんだと思っていました。

ディクシャをいただいた日から、悪い思いは消え、人のなかに入っても大丈夫になりました。自分に自信が出てきて、これからは大丈夫だという気持ちになったのです。

ディクシャ後すぐに、今までできなかったＰＴＡでの仲間ができました。

それからも私のまわりで、いくつか大きな事件が起こりましたが、だんだんと動揺しなくなっていきました。そして、事件の頻度《ひんど》は明らかに減少していきます。ヨグマタジの守りを感じています。

私はふだんもおどおどしているように見えたそうですが、今では堂々としているといわれます。問題がどういうことなのか、さまざまな角度から眺《なが》められるようになり、理解が進みました。恐怖がかなり薄まりました。

そういう意味で、本当に生きるのが楽になりました。

ひどいことは起こらないし、起こったとしても大丈夫という漠然《ばくぜん》とした安心感と信頼感があります。

自分の人生が守られている、導かれている、そしてヒマラヤ瞑想によって間違いなく成功への道につながっていることを確信しています。

ヒマラヤ瞑想を始めていなかったときには考えられないようなことが、たくさん起こってきています。

まず金銭的に、以前なら考えられなかったことが起こり始めています。まったく想像もしなかったところから遺産が舞い込みました。また、私自身の仕事の能力が上がり、瞑想を始める前の十倍以上を稼いでいます。

社会に出るのも怖くて、病気がちで稼げなかった私が、です。

夫もお勤めですが、以前よりさらに安定していると思います。

子どもたちは勉強ができ、部活でも活躍し、生徒会もやって、楽しいといっています。いじめられることはなくなり、その心配をディクシャ後はしたことがありません。私も友達や人脈が広がりました。人生を楽しんでいます。

どれだけ変えていただいたかと思うと、ヨグマタジに感謝以外ありません。


今ではいつでも朝のマントラ瞑想で、元気がみなぎってきて、うれしい気持ちでいることが多くて、仕事ももっとできる気がしていて、楽しく、将来に希望が持てます。

体力が格段について、朝から晩までよく動き働いているけれども疲れません。

心は、瞑想を始めてすぐ、こだわりが減っていきました。まあいいかと思えることが増えてきて、楽になりました。

まわりの受けがいいので、仕事がやりやすいのです。

こんな人とはかかわれないと思っていた人とも楽しめるようになって、心が広く自由になりました。冗談をいったり、会話を楽しんだり、できるようになりました。以前はもっと硬かったのですが。

ヨグマタジの瞑想は、思いもよらないところに導いてくださって、すごいと思います。自分の持っていた明るさが出てきたのだと思います。

心が軽くなり、体も丈夫で強くて軽くなりました。

ヨグマタジに出会って、本当に良かったと思っています。感謝しています。

ありがとうございました。

（神奈川県　四〇代　女性／専門職）

第6章　真理を体験する生き方

執着して取り込まずに、手放していく

社会生活をしていると、いろいろなことを取り込みやすいものです。

ヒマラヤの秘境に修行に行く人は、家族も含め全部捨てて、身ひとつで出家して山に行くわけですから、捨てるものはもうないわけです。ですから、いきなり自分のなかの深いところへの修行が可能です。

しかし社会で生きていきますと、どうしても、次々と、生活に必要なものやさまざまなものを抱《かか》え込んで、鎧《よろい》のようになってしまっています。それは物であったり、問題であったりします。

また、それに依存して手放すことも恐れて、とても苦しむことになるのです。

このように、在家《ざいけ》の人はいろいろ持ちすぎていて、依存し執着《しゅうちゃく》しているのです。ですから在家の人が心を平和にする修行は、出家の修行とは違う形のものでなければ効果がありません。

今まで執着して取り込み、抱え込んだものは、反対の行為のエネルギーのやりとりが必要です。

つまり、手放す行です。善行を積むことです。良い行為を行います。そして同時に捧げていくのです。布施《ふせ》と奉仕の行を行います。それが執着を取る修行になるのです。

まず、みんなで分かち合っていきます。

もともと人は裸《はだか》で生まれて、裸で死んでいくのです。

すべてはよく考えれば、天からいただいたものです。それを分かち合っていくのです。

これまでは、抱え込んで、依存しているものからパワーをもらって、生きていこうとしていました。しかし、それは錯覚にすぎません。

くっついたものに、パワーがあるわけではないのです。それは、心や感覚が引き寄せているものであって、命を与えるものではありません。変化するものであり、命がないものであり、死んだものであり、あるいは死にゆくもの、消えゆくものです。

本質につながると、恐れのために、いわば餓鬼《がき》のように集めるような気持ちはなくなり、いつも安らいだ人になるのです。本質につながり、中心の力を強めることによって、バランスのいい人間になっていくことができるのです。

自分を整える生き方をする

人は一生懸命生きていて、自分を守ります。そして、ときに自分に嘘をついたり、人に嘘をついたり、人を傷つけ、あるいは自分を傷つけてしまったりした、などと罪意識を持っている人が少なくありません。

多くの人が、競争社会のなかで自分を良く見せたい、といったプライドや比較の心などが働いているために、無意識に他人や自分を傷つけたり、不誠実になったりするのです。

いつも自分の心が平和でなく、心が閉ざされ、開かれていないという人もいます。

自分を大切にしないで、食べすぎたり、お酒を飲みすぎたり、体に悪いものを食べてしまう人も少なくありません。

このように、人には欲望と無知と怒りの心があり、自分のエゴを守るために感情に翻弄《ほんろう》されて、苦しむことになるのです。

また、生きるなかで誰しも永遠に生きるわけではないので、年齢を重ねたら、家族が亡くなってしまったり、独りぼっちになったりして、寂しさにさいなまれます。

心を開いて、人を助けたり、友達になったりすることを日頃行っていないと、孤独になったり、不安になったりしてしまいます。

私たち人間は、相手のことを正しく理解したり、思いやりの心を持ったりすることが大切です。

そして生活も整理整頓《せいとん》をして、不安を超えていくようにするのです。


「正しい道」という言葉があります。この「正しい」は真理から見た正しさです。

「適正な」あるいは「中正の」という意味で、「バランスが取れた」とか「偏《かたよ》りのない」ということです。そうしたバランスの取り方が良いのです。

本質につながり、信仰を強めることによって、バランスのいい人間になれるのです。

正しい生き方をしていきます。人にやさしい、人を助ける良い行為を行います。

励ます言葉や、ほめたたえる良い言葉を話します。

聖なる波動に意識を向けます。そして感謝の思い、尊敬の思い、理解の思いなど、良い思いを持ちます。

苦行を行うインドのサドゥたち

インドでは、真理を知りたいと悟りを求め、あるいはパワーを求めて、師について出家して修行の道に入る人が少なくありません。そういう行者のことをサドゥといいます。サドゥは「修行者」などと訳されます。

これまで信仰について、また体を浄《きよ》めていく修行について述べてきましたが、なかには苦行《くぎょう》といわれる厳しい修行があります。それは「タパス」といいます。もともとサンスクリット語で、熱、熱力《ねつりょく》といった意味です。

体と心のそれぞれにきつい負荷をかけ、それに耐えて、意志の力をつけるということを示しています。

そこには熱が発生して、耐える意志の力を強めていくということでしょう。

お釈迦《しゃか》さまも苦行をしたと伝えられています。出家をして、厳しい修行に耐えていかれたと思います。

願《がん》をかけて、その願いが成就《じょうじゅ》するために、一定期間断食《だんじき》をする行者もいます。

また、長い期間片手をあげたままでいるとか、片足で立っているといった、体をいじめるほどの苦行をしている行者もいます。

マスターの教えで、それぞれ違う修行になります。また、満月とか新月といった星の運行なども計算して、自然のパワーと同調させながら、一定の期間、同じことを繰り返していく修行などもあります。

サドゥは、そうすることによって、エネルギーが高まり、意志やある種の力が強められ、望むことが叶《かな》えられようになる力を得ようとするのです。

伝統の方式にのっとった苦行をすることで、思ったことが何でも実現するように、マスターの指導のもとにするのです。そしてそのような肉体と心の状態を作り出しているのです。その行をひたすらつづけることによって、意志の力を強めていくのです。

サドゥには、必ず先生あるいは師がいます。すべての人がインドのスピリチュアル協会に属しています。そのなかにはヴィシュヌ、シヴァ、ラーマなどいろいろなグループがあり、さらにいくつものグループに分かれています。修行して何らかのパワーをつけた人は師になり、信奉者を集めています。

また在家の人も、神のことを学ぶには必ず先生がいます。その先生を、グルといいます。神さまにつなげるマスターのことです。「グル」の「グ」はヒンディー語で暗闇、「ル」は光の意味です。

つまりグルは、闇から光に導く存在、マスター、精神的指導者、先生のことです。

グルについてのサンスクリット語のお経もあります。グル・ブラフマー、グル・ヴィシュヌ、グル・マヘシュワラというように、グルを神であると讃《たた》えます。

ただしグルは、今ではすべての先生を指す、ポピュラーな言葉にもなっています。

ヒマラヤの聖者は、真のグル、サダグルです。サダグルとは純粋なグルのことです。

修行によって、人間の心身のことをすべて知り、神のもとへ導く人です。

ブッダとキリストは、グルでありマスターであった

神がいても、グルがいなければ、悟る道には進めないわけですから、グルは神々より上の存在としてあがめられることもあります。

ブッダもキリストも、愛を説き、苦しみから解放される道を説いたグルであり、マスターであったのです。

二人のマスターは神より尊いとあがめられ、亡くなられた後、神や仏のようになったのだと思います。

人間の体は小宇宙であり、そこにあったタマス（シヴァのエネルギー）、ラジャス（ヴィシュヌのエネルギー）、サットヴァ（ブラフマーのエネルギー）を変容させ、それを超えて純粋意識のブラフマン、至高なる存在と一体になって悟りを得たのです。

見えない神を体験したグルが橋となることで、神からの恩恵をすみやかにいただくことができ、最速で進化することでしょう。

インドにはさまざまなグルの流派があり、そのグルによって、いろいろな修行法があります。

頭の上に火を燃やしたりしている人もいます。鍋に牛の糞《ふん》などを入れて、ずっと燃やし続けて、心頭滅却《しんとうめっきゃく》すれば火もまた涼し、といった感じで耐えたりしている人もいます。

グルがそういう修行を行うと、その弟子であるサドゥも同じ修行をやったりします。

そしてグルがヴィシュヌ派ならば、弟子もヴィシュヌを信仰し、尊敬します。悟りを目指すグループはシヴァ派が多いのです。

そして、グルから授かったマントラを唱えているのです。

ヤギャは日本の護摩焚《ごまた》きに当たる修行ですが、インドの神に仕える司祭、さらにグルは、ヤギャをよく行います。そこにはたくさんの人が参加します。

私もヤギャを行っています。サマディマスターが行うサマディヤギャは特別で、そのヤギャへの祈願で大きな願いが叶《かな》えられるのです。

インドでは国の安泰といったことも祈ります。もちろん世界の平和も祈ります。

サマディヤギャでは、マントラと、火の力と、さらにサマディからの祈りの力で、個人のさまざまな願いが可能になるのです。先祖の供養《くよう》も行っています。

サマディマスターが行うヤギャは最もパワフルなものです。サマディマスターは神と一体になったので、その願いがいち早く届けられるからです。

クンムメラと聖者たち

クンムメラ（クンブメラ）は、インドでの四つの聖地で三年に一度、聖なる川べりで行われる聖者たちのお祭りです。

クンムメラは世界最大の宗教行事といわれています。聖なる川の代表であるガンジス川での、聖者たちの沐浴《もくよく》は世界でよく知られています。一ヵ月以上にわたって行われ、インドだけでなく世界中から、延べ一億人の人が訪れるのです。

そのクンムメラでは、インド中から集まるグルが、何千もの仮設のアシュラム（道場）と寺院を作ります。それぞれ特徴ある修行をする行者も集《つど》うのです。インドの出家修行者は二千万人ともいわれています。そこで人々のためのダルシャン（聖者に出会って祝福を受けること）を行っているのです。

私もそこで、パイロットババジとこれまで何度もテントを張り、日ごろ会えない人々にダルシャンの祝福を与えています。

そのダルシャンには、一目見て祝福をいただきたいと、朝から晩まで、行列が途絶えることがありません。

私はこのクンムメラで、毎回公開サマディを行い、人々に、人のなかに真理があり、神があることを証明し、歴史のなかでいわれている悟りを証明しました。

インドの人々の精神性をはぐくむ物語

インドでは、正義や信仰などをめぐるストーリーの聖典「バガヴァッドギーター」が、人々に親しまれています。

また、叙事詩である「マハーバーラタ」の物語と「ラーマーヤナ」の物語は、ともに壮大なもので、人気があります。

戦争、愛、平和などの話のなかで、世界とはどういうものか、どういう生き方をしたらいいか、どういう精神を持ったらいいのかを、物語の人物を通して教えているのです。

これらは聖典であり、インドの人々の精神性をはぐくむ教えがあるのです。

クンムメラでも、在家者が沐浴を行うとともに、聖者からこうした聖典の話を聞くことで、精神性を学びます。

そして、グルの祝福を受けたりします。

話を得意とする聖者がそうした物語を、たくさんの人々に向かって話して、信じることの尊さや、愛、平和、献身、祈りといったことの大切さを説いています。

そこには、シヴァ神は地球を救済したとか、ヴィシュヌ神は大勢の人々を助けたといったことが示されていますから、人々はそれを聞いて、自分も神さまのようになりたい、聖者のようになりたい、そういう生き方をしたい、と思うようになるのです。

インドでは、そうした物語の映画も上映され、人気があります。ヴェーダを理解するための、それらの物語のことを、スートラといいます。

仏教の経典もスートラと呼びますが、それはここから来たものです。それは、ヴェーダ理解のための綱要や作品のことです。

そのスートラには、いろいろな神さまの、それぞれの働きが書かれています。

スートラは広く普及しています。そのため、インドの人々は、スートラの話の内容を、いわば常識として知っているのです。

十八回にのぼるアンダーグラウンドサマディ

苦行ということで、アンダーグラウンドサマディを思い浮かべる方もいるようです。

アンダーグラウンドサマディというのは、真理の証明をするものです。また皆さんに愛をシェアし、平和をシェアし、祝福（ブレッシング）するためのものです。

私は、何年にもわたってヒマラヤ奥地でサマディ修行を行い、それを成就したあと、マスターの命により、人々の面前で、公開のアンダーグラウンドサマディを行いました。

三年に一回のクンムメラでは、毎回公開で行い、それ以外にもインドのあちらこちらで十五年にもわたって行い、その数は合計十八回にのぼります。

公開のアンダーグラウンドサマディを行うにあたっては、地下窟《ちかくつ》（四角い空間）が作られ、そのなかの、座るために置かれた台に座り、究極のサマディに入っていきます。入り口が閉められ、土が盛られ、完全に密閉されます。

その暗闇のなかで、死を超えて究極のサマディに没入《ぼつにゅう》していきます。

地上では、人々がそれをずっと見守っています。

呼吸は自然に止まっています。そして、すべての体の機能がストップして、神と一体になったステージにとどまっているのです。

没入から三日あるいは四日経ち、約束した日になると、意識が甦《よみがえ》り、戻ってきます。それは、死からの復活になります。

サンカルパという、深い神のような力で戻ってくるのです。

こうして、満願という形で地上に出たときに、悟りが成就したということが認められるのです。

そのときは、心身は少しも消耗していません。充電したかのように、元気になっています。なぜなら、体と心を超えて神と一体になっているからです。

内側が目覚め、浄めつくしているので、かえって充電しているのです。

そうはいっても、アンダーグラウンドサマディは、楽な修行ではありません。

多くの聖者がサマディに失敗して戻ってこなくなるので、インドでは私とパイロットババジ以外、この行は禁止となりました。

何百年に一回、こうした聖者が現れるのです。

私のカルマにより、最終の、心が浄化され、無念無想の状態の死を超えた究極のサマディに入ることができるのです。それはけっして苦しくはありません。

しかし人によっては、途中で目が覚めて死んでしまいます。

ヒマラヤ秘教の恩恵を受けていないと、悟りへの道は危険です。ですから、もちろん苦行ではあるのです。

毎日コツコツと新しい癖をつけていく

机の前に座って勉強するということも、それが嫌いな人にとっては苦行です。

瞑想で座ると思っても、体が悪くエネルギーが濁《にご》って混乱していたり、気分が散漫だったりして、誰かに会いたいとか、電話をしたいといった欲望が湧《わ》いてきたら、座っていることは容易ではありません。

悟りたいという強い希望がなくて、そんなことをしても無駄だと思ったりすると、遊びに行きたくなってしまうことでしょう。

ですから、人によっては毎日、コツコツ座るという瞑想をつづけることさえ苦行になります。

仕事がいっぱいあって、座る時間の余裕がないような人にとっても、苦行になります。

畳の上での正座やあぐらの習慣のない欧米の人の場合は、足首がきつく、座っているだけでも苦行です。

修行をして心が平和である人や、食事なども節制していて、あまり動く力もないような人なら、そこに座っていられます。

しかし、いつも心や体を使う仕事をしていたり、体をたくさん動かしていたり、心がとらわれ思い込みが強かったり、毎日好きなものを食べ、肉を食べるなどしていると、どうしても活動したいというエネルギーが強いため、自分を今につなぎとめて、そこにいるということは、苦行になります。

また、疲れていたり、おなかがいっぱいになるほど食べて座ったら、眠たくなるでしょうから、それでも座るのは苦行です。

とはいえ、そうしたエネルギーも、調教して新しい癖《くせ》をつけていくと、暴れるエネルギーが次第におとなしくなっていきます。「良薬口に苦し」で、後で効いて心身が軽くなるのです。

毎日コツコツと新しい癖をつけていくことが大切なのです。

そうすれば、瞑想でここに座っているという思いに従うようになります。

ヒマラヤ秘教の恩恵は、祝福と秘法で、積極的にカルマが浄化されて整い、マインドを超えてワンネスにしていくのです。

欲望をコントロールし、意志の力で乗り越える

第二次大戦後、何もなくハングリーな時代、そして質素な時代から、文化が発達して豊かな時代となり、飽食の時代となりました。日本ではメタボが騒がれたり、また食品添加物などの危険性が叫ばれたりといろいろな情報が錯綜《さくそう》し、何をどうしたらいいのか、戸惑う人もいるようです。

お釈迦さまは断食をしすぎて体を壊し、中庸《ちゅうよう》を説きました。バランスの良いあり方です。

そうしたなか、健康志向がどんどん極端になり、最近では食べないほうが健康にいいとか、美容にいいとか、あるいは「不食」というあり方を勧めているような人もいます。でもそれは、信仰を伴っていたり、内側の修行があってできることであり、万人に向く修行ではないと思います。

外からの刺激で欲望が抑えられなかったり、抑えすぎてしまったりするのは、どちらも変に心身に負担をかけたりしているのではないでしょうか。

欲望をコントロールし、意志の力で乗り越える秘訣があります。

それはひとつのことに絞《しぼ》って、それを繰り返し行い、パワーをいただくということです。大切な何かを犠牲《ぎせい》にして真剣に祈ると、願いは叶いやすくなります。

昔は、穀物を食べない穀断《こくだ》ちは、修験道《しゅげんどう》の人がよく行っていました。

「それらはいらない。ただこれだけの力が欲しい」と願い、ひとつのことにガーッと集中して、エネルギーをそこに注ぎ込んだときに、パワーをいただきやすくなるのです。

世界で活躍するスポーツ選手も、タイトルを取るまでは結婚しないで競技に打ち込むという人がいるようです。

ふつうに楽しく生活し、少しの時間だけ練習するのでは、やはり全エネルギーをそれに集中している選手のような好成績は取れません。

また食べるものについても、オリンピックのマラソンの選手には、栄養バランスを考えてつくる料理人までいるようです。

生活のすべてをそれに注ぎ込んで、栄冠を手にしようとしているのは、「苦行によるパワー」をヒントにしているのかな、と私は思います。


聖者の場合も、さまざまな欲望を排して、すべてを注いで集中することで、輝いてくるのです。そうした悟りのための苦行などで輝いてくるのです。

精神統一は、悟りへの道や幸せのためにも、大切な修行のひとつです。

イライラしたり、散漫であったりしたら、仕事もできませんし、人間関係もうまくいきません。

またふつうの生活をしていると、やらなければならないことがいっぱいあります。トイレに行ったり、ご飯を食べに行ったり、電話を掛けたりすることなどに、人はたくさんの時間をさいて、毎日の生活を送っているわけです。

何を選択していくのか、優先順位が瞬時にわかるスマートな心の使い方が必要です。

そして、精神の統一をし、瞑想になるマントラの修行をしていくと、仕事なども評価されるようになるのです。

マントラ修行で無駄に気づき、もっと集中力がついてきます。そして内側が目覚めて整ってきます。

マントラに集中することで、すごくパワフルになれるのです。

このようなことは、観音経にも説かれています。そうしたパワーの存在である観音さまを信じることで、さまざまな人生の災《わざわ》いが取り除かれて、楽に生きていくことができると説かれています。

菩薩の生き方は、自分の幸せでなく人の幸せのために、ただひたすら人を救うためのものです。ヒマラヤ秘教で神につながり、災いからの守りをいただき、マントラのパワーで力をいただいて、さらに気づきを深めます。人を助けます。瞑想で自己の内側を浄め、悟りに向かいます。

そこでは、あれをやりたいこれをやりたいという感覚の喜びを求めるのではなく、すべて本質に向かうための行為になります。人を助けることも、自分のエゴを落として本質に近づくためなのです。

悟りへの修行はさらに、超能力への執着を超えていくものです。

本質への道、サマディの修行は、パワーを得るためではなく、究極の悟りのための修行であり、本当の自分に出会うための修行です。

それは苦行です。それは、自分はいったい誰であるのか、ということを探索して、ついには本当の自分、真理に到達していくことです。

すべてのものの源に何があるのか？　私たちはいったいどこからやってきたのか？　私たちはなぜ生まれてきたのか？　それを探究していくのです。

そういう修行をして、体の根源に何があるのか、心の根源には何があるのか、といったことや、心の仕組みとはどんなものなのか、ということがわかってくるのです。

そして最後に、究極の真理を悟るのです。

不足を満たす生き方ではなく、分かち合う生き方

観音さまへの信仰はパワーをいただき、難局を乗り切っていく現世《げんせ》の利益が得られるものです。ヒマラヤ秘教は、あらゆる能力が得られるので、それももちろん得られます。しかし、本当は悟りを目指すものです。

ただ欲しがって、不足を満たす生き方ではなく、分かち合う生き方です。

愛を与え、人を助け、そして本質に向かう生き方です。

マスターの祝福やマントラなどの瞑想秘法、そのほかの秘法の修行で、カルマを焼いて、変容し、心身の質が変わるのでクリエイティブな直感が働き、アイディアがわき、成功を得ることができます。

マントラの波動は本質の波動なので、真理でないものを取り除き、無心になっていきます。神からのパワーを得られ、望みが叶うのです。

ヒマラヤ秘教には、マントラを用いる瞑想、つまりサマディィ瞑想と、そのほか、クリヤ瞑想、ドラスタバワ瞑想、祝福瞑想など、さまざまな瞑想秘法があります。

ヒマラヤ秘教は生涯にわたる真理への道です。なぜなら、それは命をいただく道であるからです。そこから離れることは、カルマの災いのなかに戻ることなのです。


ヒマラヤ秘教の瞑想は、ヒマラヤ聖者のサマディから生まれた、特別に効果のある瞑想です。それをヒマラヤシッダー秘法、またはヒマラヤシッダー瞑想といいます。

本書で瞑想というのは、ヒマラヤシッダー瞑想を指しています。ときにヒマラヤシッダー瞑想、あるいは単に瞑想といいますので、留意してください。

瞑想の修行を行うのには準備が必要です。

ヒマラヤシッダー瞑想をして座りつづけるためには、修行するにあたって心身を汚れないようにしていきます。最初にヤマ（禁ずる戒《いまし》め）とニヤマ（勧める戒め）を守ることを誓《ちか》います。

それは日々の行為、つまり体と心の思いと言葉の行為によって、心と体の純粋性を保ち平和にしていくことです。

さらに浄化する、品のある行為をして、悪いカルマを積まないようにしていきます。

体と、言葉と、思いで、正しい行為をする

身口意《しんくい》といって、体と、言葉と、思いの三つのレベルで、正しい行為をします。
ヤマは、人を暴力で傷つけないこと、悪口を言わないことなどです。さらにもっと大切であることは誠実であること、嘘を言わないこと、また食べすぎないこと、性的に乱れないことなどです。

ニヤマは、愛ある行為を勧めます。神を信じ愛します。マスターを信じ愛します。自分を信じ愛します。人を愛し尊敬します。人を助けます。善行を積みます。清潔にします。本書のような悟りの真理の本を読みます。これが功徳となって過《あやま》ちが浄められるのです。

そうして、あなたのなかの本質の性質がはぐくまれ、それそのものになっていくのです。

これらの行為を無理にマインドで行うと、それは演技になり、マインドを強め、やがてとらわれ、苦しみになります。神とマスターにつながって、信じてお任せして行うことが大切です。至高なる意識は常に見ています。マスターを信頼して善行を行い、功徳を積みカルマを浄めます。

ヤマとは禁じる戒めのこと、ニヤマとは勧める戒めのことで、心身を純粋に保ち、純粋になる生き方をするのです。瞑想をするための準備であり、悟りの道の外側の修行になります。

つまり、行為を愛から行うのです。肉体の行為、思いの行為、言葉の行為のすべてです。それをよいカルマとなる、愛あるものにするのです。

観音経に「善男子《ぜんなんし》」「善女人《ぜんにょにん》」という言葉がありますが、これは、ヤマ、ニヤマが全部できた人で、信仰をして悟りの道の修行をする資格のある人を指していると思います。

ヤマ、ニヤマが全部できてから修行に入るのが理想です。なぜなら悪い動機でパワーを引き出す修行をすると、最初はうまくいっているようでも、最後には身を亡ぼすことになるのです。決して悪い心で瞑想や修行をしないようにしましょう。

それは、悟りに至るためのステップ

あなたは、もっと神様の力をいただくと、幸せに楽に生きられるのです。それは依存ではなく宇宙の法則を知って活用するということです。

神を体験した、ヒマラヤの聖者が橋となることで、そのパワーを早く引き出すことができます。そのためには強い信頼で、マスターにつながります。それが神とつながることなのです。

もっと信仰を深めます。そしてその修行には内外の修行があり、悟っていくためのステップがあります。さらに瞑想を深めるのに、より実践的な、体の内側を積極的に浄める修行法がありま す。

体は小宇宙です。体には、見える体（土の体、水の体、火の体）、さらに細やかな見えない体（風の体、空の体）、さらに音の体、光の体まで、七つもの体があります。

それぞれの体を、善行と瞑想で浄め純粋にし、サットヴァにして、それを超えて本質に向かうのです。

真理の道を歩むためには、外へ外へと向かい、あれこれ欲しいと願っていた思いを、少しずつカットして、自分の源にいったい何があるか、真理を知ろうとして、内側に向かっていくことが大切です。そして、外の行為は真理に捧げる生き方にしていくとよいのです。

菩薩のように、人を助けていくのです。そして良い社会にするのです。そうして、みんなも幸せになるのです。社会に貢献するとともに、人のエネルギーを良いほうに使います。

そうすると、自分も浄まり、社会も良くなるという、一石二鳥の生き方になります。

自分のエゴの望みは、少しずつ落としていきます。心を外し、真理に達していきます。悟りのマスターのガイドで、週末の出家のような修行に参加して、瞑想を深めることで、瞑想がさらに質の高いものになっていくことができます。

見えない源の存在につながり、信じることで、パワーをいただけるのです。

神さまからいただいた体と心を、困っている人のために使う

ヒマラヤの聖者は、信仰とともに、実際に真理を体験して、真理そのものになる修行を発見したのです。それをすることによって、神のようになって、苦しみがなく、すべての願いが叶えられ、真の幸福になれるのです。

あなたもその修行をしていくのが良いのです。なぜなら、それはあなたの魂の願いであるから

です。それは真理を体験していく道を歩むことです。

良いエネルギーでいっぱいにして、純粋にしていきます。この体と心を、良い行為に使います。人は、神さまからいただいた、この体と心を使って生きていますが、そこに苦しみが生まれるのは、それらを間違えて使っているからです。そのようにヒマラヤの聖者は気づいたのです。無知と怒り、欲望で、神さまからいただいた体と心を使っているから苦しいのだと、気づいたのです。

神さまからいただいた体と心を、困っている人のために使い、執着がつかないようにすることが大切です。それはみんなとともに自分も幸せになり成長する、自利利他《じりりた》の生き方です。

その体と心の使い方を説いたのが、悟りの聖者たちなのです。

それは、段階を追って、いろいろな方法で純粋になる修行です。最初に信仰することで、本質、神への愛をはぐくむという方法です。

大切なのは、もっと愛とともに生き、それをシェアしていくことです。そのことでそれが大きく引き出され、拡大していき、愛そのものになっていくことができるのです。

信じること、サレンダーすることでどんどん神の愛を引き出し、まわりの人に愛をシェアし、愛を膨らませるのです。それを自分のなかでいっぱいにして、神に出会っていくということです。

自分の愛のみでなく、みんなの愛の泉も目覚めさせていきます。真理に向かうために、信頼を持ち、気づきを持ち、生かし合いながら進む生き方です。

人に役立つ生き方をして、外の行為を浄めていきます。無償の愛で人を助け、善行をします。自分のエゴを取り除いて、根源に戻っていき、悟りを得ていくのです。それは純粋になっていく修行です。

悟りに至るためのこのプロセスを、ヒマラヤ秘教では行っています。外側の修行から、内側の修行まで、究極の悟りまでのステップがあるのです。

最初に大切になるのが、外側の修行にあたるヤマ、ニヤマです。良い行為をして、この体と心にあるカルマを浄化し、純粋に保ちます。

良い行為、正しい行為とは、心の思いと、言葉と体の行為のすべてを、正しく良いものにすることです。それには自他を傷つけないようにして、さらに執着のない愛を強めていきます。

自分の修行をするのは、人のためでもある

もっとも良い行為は、人を真理に導き、苦しみを取り除いて、幸せにすることです。

この行為は最高の善行になります。それは執着のない愛の人になることです。

そして、完全な自分になっていく道を、人に伝えることです。

自分の修行をするということは、人のためでもあります。修行は、皆と自分を幸せにするために行うのです。さらには自分の先祖のためでもあるのです。

ヒマラヤで修行をするときは、家族とも離れ、あまりカルマがなく出家して、どこか山のなかで修行をして、誰にも会いません。

人や仕事などのいろいろな関係がなくなり、自分と対峙《たいじ》する修行のみになります。

しかし真のマスターに出会い、また厳しい修行を伴わなければ、その本当に孤独な修行で成功することはできないのです。そして修行を完成したヒマラヤの聖者は、太陽のようになって、みんなのために祈っているのです。集合意識のレベルで、人々に神聖さを与え続けているのです。


一方、今ここでの修行では、人がいる街なかでの修行や社会での修行が欠かせません。

あなたは今、本当の幸せを得るヒマラヤ秘教の恩恵をいただくことができるのです。サットヴァという純粋な存在になった悟りのマスターへの信頼で、絶大な恩恵をいただけ、街なかでの修行を完成できるのです。

そうした悟りのマスターは、そのエネルギーと思いと愛で、あなたの内側を変容させる力があるのです。それはどこの誰にもない力です。その祝福をいただいて、安全に進めていきます。

ヒマラヤのマスターの修行の功徳をいただきながら、安全に修行ができるのです。

本来ひとりでヒマラヤに行っても、マスターに出会うことは不可能でしょう。マスターを探すだけで、一生が終わってしまうかもしれません。

仮にマスターに出会ったとしても、マスターが秘法と教えを授けてくださるとは限りません。

その教えが今、私を通して、ヒマラヤから運ばれてきました。それがあなたの目の前にあるのです。

信頼することで恩恵をいただいて、変容が始まります。パワーをいただき、願いが叶い、守られ、幸運になって生きていくことができるのです。さらには究極の真理に向かう道を歩めるのです。

先に述べましたように、体の小宇宙を、順次段階を追って整え、浄めて真理に達していくのです。

マスターのガイドのもと、安全に瞑想法をいただき、自然に段階を追って行います。さらに外側の修行、内側の修行を行い、実践して、心身を浄め、輝かせていけるのです。

そして悟りに向かって進んでいくことができるのです。

瞑想をして、とらわれない心身になってゆく

体をよくするためにベジタリアンになるとか、あるいは断食をするとか、心のこだわりからやっているように見受けられることがあります。それは不自然であり、幸せには見えません。いいことをしているという自己満足にすぎないなのです。それは心の喜びであり、魂からの喜びになってはいないのです。

本来こうした体を整えることは、魂の喜びから行うとよいのです。形からではなく源の願いか

ら行うのです。ディクシャで、源につながり、神にサレンダーして行うとすべてが自然に楽にできてきます。

瞑想をして、神経が癒《いや》されてから、断食を体験すると、「ああ、内臓を休めることができていいんだな」ということがわかってきます。

単に断食をするのでは心の執着が取れません。欲望を抑え込み、不安をあおったり、無理をしている心なので、正しい効果をあげることができないのです。

何事も、外から形を整えようと一生懸命やっても、それは心が無理にがんばったりしているのです。洗脳していい聞かせていることになりますから、根本からの癒しではないのです。

瞑想をして、いろいろなものとの関係性を深く理解していくと、とらわれない心になっていきます。そのことが真の解放につながります。

皆さんは、気づきがなく、内側のからくりがわからないので、見える外側を強引に整えようとし、がんばって、やがて体の感覚を使いすぎて、鈍《にぶ》くしてしまっているのです。

ストレスがたまっても、不快にならないように、そして感じないようにして、守ってもいるのです。

このように、体の歪《ゆが》み、心の歪み、体の癖、心の癖は、みなそれなりのバランスを取っている姿なのです。

ところが皆さんは、どういうふうに自分の体が歪んでいるか、どんなに体が偏っているか、どれほど体を酷使しているか、ということもわからず、体のことはお医者さん任せになって、体が鈍いこともわかっていません。

感情が強すぎるということもわかっていません。考えすぎていることもわかっていません。エネルギーが偏っていることもわかっていません。

すべてを創り出す素晴らしい存在を信じる

すべてを創り出す素晴らしい存在に出会うことで、あなたは根本から生まれ変わることができるのです。そしてそれにコンタクトするだけで変わり始めるのです。

ヒマラヤの聖者は、どのようにすれば、その偉大な存在の力を引き出せるか、それを発見したのです。

あなたが幸せになるには、すべてを創り出す素晴らしい存在を信じることから入ります。

しっかりしすぎている人、がんばれる人は、がんばれるがゆえに大事に至ってから気づきます。あそこが痛い、ここが痛いと、いつもあれこれ言っている人は、みんなの同情を買って休めているせいか、意外に長生きで、元気です。

自分を過信して、弱音を吐かない人は、病気になっても感じません。心が強いので、乗り越えていくのです。そして、発見したときは手遅れになってしまうのです。

とはいえ誰もが、もっと真理のレベルからのバランスを取り、静けさを体験していく必要があります。それはニュートラルになる生き方であり、心を超えたところからのサポートです。

つまり、高次元の存在を思い、愛することが大切です。

するとそこから、歪みや、混乱の苦しみからの脱却が始まり、バランスが取れていくのです。

そして内側を浄化して変えていきます。それにはヒマラヤシッダー瞑想をすることです。

そのことで、自分の内側がどうなっているのか、見つめることができます。

ヒマラヤシッダー瞑想によって、意識が進化し、バランスが良くなり、調和が取れていくのです。

さらにバランスの良い人になるためには、愛をはぐくむ瞑想を行います。初めのうちは、ほんのわずかな時間です。

目覚めているときは、体と心が働きますから、それと並行して、外側の行為の、愛をはぐくみ、人を助けることに充《あ》てるのです。

「死」を体験すると、執着しなくなる

あなたは「死」を恐れていませんか。幸せを考えるにあたって、「死」を理解することははずせません。

この「死」の理解についても、ヒマラヤシッダー瞑想は大きな役割を果たしてくれます。私たちの身近な人が亡くなったら、悲しい思いに打ちひしがれたりします。そのため、「死」という言葉を日頃、口にしないようにしているようです。

つまり、「死」をタブーにしている傾向が見られます。

しかし、人間はいつか死ぬのです。

自分についても、どんなに長生きの努力をしても、この体が衰え、やがて終わりが来るということを受け入れる必要があります。

瞑想は、愛をはぐくみ、心と体を浄化することです。さまざまな瞑想秘法で修行を深め、浄化していきます。

すると、心身が静かになって、心の働きも静まり、呼吸をしていないような状態になっていきます。

瞑想で得る体験は、すべてを静寂に導き、あたかも死ぬ練習をしているかのようです。

そうして「あ、死ってこんなものなのかな」というふうにわかってきます。

人は、いつかは死を迎えるということが頭でわかっていても、生きていて、あれこれ動き回っているときには、実感ができませんから、死を受け入れられずに、とても苦しむわけです。

ところが、ヒマラヤシッダー瞑想をしていき、そのプロセスで、ひとつひとつの執着《しゅうちゃく》がはずれていくと、「ああ、全部、(この世に) 置いていかなくちゃならない」と実感するわけです。

また高次元の存在につながって行う、死のワークセミナーでは、瞬時に生まれ変わる体験を得ることができます。

その深い静寂の後、すべての組織が充電されて元気に甦《よみがえ》るのです。そのことによって、カルマが落ち、いろいろなつながりや執着が取れ、楽になるのです。

どんなにたくさんのものを持っていても、それに執着しないようになるのです。

また瞑想に入るたびに、すべて静寂になり、あたかも「死」のような体験をすると、ものごとにとらわれなくなり、気持ちが楽になるのです。そして死も怖くなくなるのです。

心の働きによって大切な智恵がわき、愛が生まれ、それで充たされるのです。

ヒマラヤシッダー瞑想で感覚を制御、統制する

瞑想を始めると、内側のいろいろな思いが浮かんできます。これまでもそこで働いていたものが、さらに鮮明に見えてくるのです。そして最速で、浄化が進んでいきます。それは内側が整理整頓され、浄化されている姿です。それらに気づいて見守っていきます。

心が考えこんだり、心配のほうに行っても、見守っています。

大事なのは、信仰をもってヒマラヤシッダー瞑想を行うことです。そしてお任せをして「すべて必要なことが起こっている」と、その変化を信頼することです。瞑想で浄まっていくと、心が

どんどん鎮《しず》まって、平和になっていくのです。

瞑想を始める前は、何かの刺激で、欲望によっていろいろと外側に意識が行き、感覚が働いていますから、耳にいろいろな音が聞こえたり、目に外側の情報が入ってきたりします。

また蓄積したカルマにより、常に思いが現れ、欲望が湧き上がってくるかもしれません。

瞑想でそういう感覚を閉じ、内側に向けて心の制御、統制をしていきます。

心というのは、あちらこちらに動いて、あれこれ考えてしまったり、外側の情報が入ってこなくても、いろいろなことを思い出したり、気にかかることを考えたりするものです。

ですから、何かひとつのものに集中することです。

たとえばマントラに集中するとか、内側の何かひとつのテーマで集中するとか、感謝について考えるといったことをします。

そして、執着や、こだわり、比較、コンプレックス、妬《ねた》み、ジェラシーについて理解し、相手への思いをはずしていきます。

そして「光を見る」といった精神統一をします。

光の流れがずーっとつづいている光景をイメージし、それと一体になっていくようにするのです。

そのときは、アヌグラハという神の恩寵が助けます。

そして許しを与えていくのです。また、感謝について考えます。

もちろんマントラの修行、マントラ瞑想をするとよいのです。また、神に精神統一します。マスターのガイドで、音（マントラ）や光（クリヤ）の瞑想を行うとよいでしょう。最も素晴らしい瞑想は、何も考えず、なんにも集中しないで、空っぽになっていくことです。瞑想には力があり、潜在能力を引き出します。

瞑想修行に関しては、観音経には記されていません。なぜならその教えは、ブッダが亡くなられた後、在家のために信仰として説かれたからです。その教えはブッダが修行や悟りで得た恩恵を受け取ることが素晴らしいといっています。

ブッダが生きていたときの説教を学ぶことで、人々が恩恵を受けようというものです。

ブッダが生きている当時は、仏教は出家の教団であり、そのため戒律《かいりつ》は出家者のためのものであり、厳しいものでした。

大乗仏教となってから、信仰が説かれるようになりました。

ブッダの知識を学ぶことで、自分で悟るのではなく、マインドで思い込むことでいい人になろうという修行のスタイルに変わっていったのです。

瞑想は、それを伝授してガイドする師がいてはじめてできるものです。ですから観音経には瞑想は書かれていないのです。

瞑想修行で、万能の力が目覚める

ヒマラヤ秘教においても、ディクシャをいただき、マスターの最高のエネルギーで浄められ、秘法が伝授されてはじめて、瞑想がスタートできるのです。

瞑想修行をすると、万能の力が目覚めてきます。

その万能の力とは、書く力、話す力、説得する力、記憶する力、病気をしないこと、若返ること、身体能力、精神能力、霊能力というふうに、さまざまなことです。

頭だけ使っていて体が弱いとか、あるいは頭だけ使っていて感情の働きが乏《とぼ》しいといった人が、根源のところを目覚めさせると、その根源から、エネルギーの回路がどんどん開かれてきて、万能の力が目覚めてくるのです。

エネルギーの回路が閉じられたり、狭くなったりしていたために、努力しても成果があがらなかったのが、万能の才能が目覚め、どんなことでもできる人になるのです。

これができない、これが得意、といったことではなくて、すべてが得意になり、すべてが上手《じょうず》になるのです。

ですから、これまで自分には無理だと思っていたことも、可能になってきます。

また生命力も湧いてきますから、消極的だったり、引っ込み思案だったりした人が、活発になり、積極的、行動的になっていきます。

ヒマラヤ瞑想修行をつづけていると、いつも心配をしたり、人間関係がうまくいかないとか、仕事がうまくいかない、と悩んでいたりした人に、智恵が湧いてきます。

するとと、自分にはこれまで感謝が足りなかったとか、愛が足りなかったとか、理解が足りなかったと気づきます。

そして、物事に対する理解力ができたり、周囲を客観的にとらえることができたりするようになります。

シッダーマスターの教えは、慈愛を湧かせ、生命力を高めて、すみやかに楽になれるとともに、気づきをもたらし、内側の変容に役立っています。

皆さんはこれまで、自分の限られた価値観を通して見て、自分の波動と同じようなものを常に引き寄せて、物事がうまく進んでいなかったため、苦しむことが当たり前になっていました。

そうしたあなたの生き方が変わり、すべて良いものを引き寄せ、またそれを生かしながらも、とらわれないようになるのです。

慈愛で世の中を平和に維持していく

ヒマラヤ秘教の教えは、生きたマスターからの祝福です。すみやかに神の力が働いて願いが叶い、奇跡が起きます。観音経に書かれているような、信仰を通した奇跡が、ヒマラヤ秘教のマスターへの信仰でもどんどん起きています。

さらには実際に悟りの修行、実感できる修行をすることが可能になるのです。

修行や祝福で浄まることにより、より純粋な目が働き、また高次元の存在のエネルギーを通して見ることによって、新しい解決策も湧いてきて、生きるのが楽になっていきます。

このように、瞑想をすることで、平和なエネルギーとか愛のエネルギーといったものを、自分のなかに沁《し》み込ませていくことができるのです。

もともと深いところにある、自分そのもののクオリティというのは、平和な慈愛であり、それはまた智恵に溢《あふ》れ、生命力に満ちているのです。

自らが宇宙的な愛の人になることとは、長い間悟りの修行をしなければ、得られないものです。

しかし、それができるまで待っているのではなく、悟りのマスターにつながることによって、ゆるぎない信頼で人を助けることができます。真理の導きにガイドしていくことで自らも浄まって、まわりからも感謝され、喜びの生き方になるのです。


インドの哲学について、科学的に説明することができます。

宇宙の創造の源から生まれる根源の物質の波動があります。原子の中のプロトン、ニュートロン、エレクトロンです。それらが働いて、この世界が生まれ、展開していきます。つまりビッグバンによって、この世界が生まれたのです。

それが源の存在のブラフマンと、三つの最高神シヴァ、ヴィシュヌ、ブラフマーなのです。

私たちの心の奥深くには、純粋意識から現れる愛と生命力と智恵があります。さらにセルフがあります。

自己（本来の自己）、魂、それはブッダの存在です。その自己からの宇宙的な愛は、心に蓄積されたカルマで覆《おお》われています。

それを目覚めさせてくれるのが、ヒマラヤ秘教のマスターのディクシャであり、あなたの信仰心なのです。

そうして、本当の自分に出会っていき、真の幸福を得ていくのが、ヒマラヤ秘教の修行なのです。

あなたも、観音さまの生き方ができる

大乗仏教では、慈愛の観音さまを信じて、そのパワーをいただくように勧めてきました。ブッダはヴィシュヌ神の化身《けしん》です。

ヒマラヤ秘教の恩恵は、生きたマスターからの恩恵です。愛を広め、人を助けていきます。

あなたも観音さまのように、行動することができます。いや、もっと楽にできるのです。あなたは今ヒマラヤ秘教に出会っているのですから。それは千何百年も前の経典の話ではなく、今現実にできることなのです。

人を慈愛で救うことは、もともとヒマラヤ秘教での修行です。そして、それを引き継ぐヒンドゥー教のなかで広く行われている、バクティという愛によって悟る道です。その神はヴィシュヌ神です。それはみなさんの中にもあり、それが目覚めているのがマスターなのです。

まず至高なる神を信じ、橋であるマスターを信じ、愛して、パワーをいただきます。その愛とパワーをシェアして生きていき、平和と愛に満ちた社会にするのです。

あなたは、悟るためにこの世界に来ました。真の善行は神への道、本当の自分への道を人に伝えるものです。それは、天国への道でもあるのです。

マスターよりマントラを伝授していただくと、このことが楽にできます。それが最も高い善行です。

世のなかには、教えを説くさまざまな団体があります。その団体の教祖のいっていることを信じようとするならば、その教祖が真理と一体かどうか、ということが肝心です。

もし、慈愛と離れた、真理と一体でないものを信じているのならば、それは信仰ではなく、思い込みにすぎないといえます。あなたは自己（本来の自己）を信じることが大切なのです。

悟りに近づく生き方としては、ドネーション（寄付）を行うことも大切です。

自分のために貯めたものは、死ぬときは持っていかれないのです。

みんなが愛の人になるために、助け合いの愛を広め、平和を維持し、良い社会にしていくのです。

高次元のエネルギーにつながって、ドネーションをしていきましょう。その生き方は悟りになっていきます。そして、死後は天国に導かれるのです。人々を真に幸せにし、悟りを助けているところにドネーションをします。

ドネーションをするには、寺院や祈りのセンターを建立《こんりゅう》しているところや、人を進化させ、苦しみを取って人を助けているところ、あるいは国連など、平和の活動をしているところがよいでしょう。

ドネーションは執着を取り、解放に導く

あなたが差し出すドネーションは、執着を取ります。

捧げる心、無償の愛で助けることで、神の力が働き、クリエイティブなアイディアが湧きます。人格が磨かれ、まわりの人々の助けが得られて、いっそう成功するのです。

あなたは神からの恵みが働き、なんでも手に入れられる能力を得るのです。

内なるダイヤモンドが手に入るのです。お金が減るのではなく、何倍にもなって還ってくるのです。

企業なども、ドネーションを行い、人を幸福にすることで、さらに売り上げが伸び、成功に導かれます。

インドでは、企業が寺院の建立などの寄付をします。それによって建てられた祈りのセンターは人々を幸せにして、そこで修行し祈る人を支えます。

個人もドネーションをします。それは大きく執着を取り、最高の功徳《くどく》となり、カルマが浄化されるのです。そして、そこでの祈りと喜びの波動は、あなたを幸せにするのです。

あなたが悟りに近づく生き方としては、内側の深い瞑想をして、良い行為をすすめることも大切です。

そうして、もっと自分を浄めます。

ヒマラヤ聖者より、各種ヒマラヤシッダー瞑想秘法をいただき、もっと積極的にカルマを浄め、変容し、悟りを目指します。ヒマラヤ秘教は秘法がたくさんあり、あなたをすみやかに変容させます。

内側のカルマをヒマラヤクリヤ秘法で焼いて変容し、愛の人になり、人を助け、善行をします。

自分の性質そのものを変えます。

しっかりと瞑想を行い、変容するのです。それには、意志の力を強めることも大切です。それによってなんでも願いが叶っていくのです。そうして積極的にカルマを浄めていくのです。

マスターを愛し、信じて、行《ぎょう》じます。神からいただいたこの体と心を浄めながら、人を幸せにして、この世のなかも良くしていき、真理に向かうのです。

無限の慈愛が自然に湧き出てくるようになる

すべての人の根源に「本質的な愛」があります。それは神さまから現れる純粋な愛で、太陽のように与える愛です。魂から現れる宇宙的な愛です。

それは「無限の愛」であって、マインドの愛ではないので、けっして減ることはないのです。

これに対して好き嫌いというのは、自分が愛を与えたら疲れてしまうとか、親切にすると疲れてしまうとか、人によく思われたいから愛してあげる、といったものです。

それは無限の愛ではなくて、マインドの愛です。高次元の存在につながり、自己につながって、神とマスターを信じていくと、無限の慈愛が自然に湧き出てくるようになります。

そしてみんなに親切をして、人々を救うようになっていくのです。

その救うということのなかでも、皆さんを高次元の存在への信仰に導くということが、最高の救いであるのです。

シッダーマスターのガイドで、日常的ないろいろなことに気を使わずにすみ、全部が整います。

またマインドの愛で、単に親切に道を教えてあげるとか、重い荷物を持ってあげるというたぐいのものではなく、その人の命を輝かせていくものに、縁をつなぐことができるのです。

それは真理への道、信仰の道にほかなりません。

悪い感情や、誰かに対する恨みとか憎しみとか、あの人のここが我慢できない、といった思いがあっても、神さまを信じていると、愛に満ちてくるようになるので、そういう思いが消えて、どうでもよくなっていくのです。

慈愛、つまり本質的な愛は、悪い心を溶《と》かして、人を肯定的にしていくのです。

シッディと呼ばれる超能力

たいていの人が、自分は体だと思い、心だと思っているため、それが変化して苦しむのです。

ところが、ヒマラヤ瞑想を体験すると、体に左右されず、心の動きにも左右されない人になって、苦しみを超えられるわけです。

ヒマラヤ瞑想は、自分には仏性《ぶっしょう》、神性《しんせい》があるという智恵を得る修行です。

瞑想を通じて、本当の自分は体ではない、心ではない、魂であるということを悟るのです。

そういう修行の途中に心身が浄まり、集中力が出て、いろいろな能力が現れてきます。

八百万《やおよろず》の神さまがいらっしゃるように、宇宙にはいろいろな働きがあります。それは体の小宇宙にあるので、さまざまな才能が目覚めてくるのです。

人間にはいろいろな能力が潜んでいて、そういうものが、悟りへの道の途上で出てくるのです。

そういう「超能力」をサンスクリット語で「シッディ」といいます。

さまざまな能力が現れます。それを「神通力《じんずうりき》」ともいいます。

そういう超感覚の体験は、修行で目覚めて、カルマが浄まり、エネルギーが集まって、体のある部分のパワーが強くなるので起きるのです。

そして、今までばらばらに使われ、混乱していたエネルギーがひとつにまとまって、高い能力を発揮できるのです。

超能力は、修行の途中で現れてくるものであって、そこで止まったり、そのことにこだわったりしていると、悟れなくなってしまいます。

幹は細いままで、枝がすごく太くなった樹木のようになってしまうわけです。

超能力は、ときにマインドを強め、取り憑《つ》かれたようになり、人々を驚かせます。

しかし、超能力が身につくということは、おまけのようなものなので、超能力に執着せず、究極のサマディに向かわなければならないのです。

そうした超能力にとらわれずに、さらに究極に向かっていくのが悟りへの道なのです。

ある霊能者の悲劇

インドにおいて、ある霊能者は、病気などの悩みがあって相談に来た人の潜在意識に働きかけて、本音《ほんね》を聞きだし、異言《いげん》（聞きなれない、珍しい言葉）を話させていたりしました。

みんなの前で、そのようなことをしていました。

その霊能者のもとには、多くの人が集まってきたのです。

その人は、何かの霊が活性化して、それが頭のなかで活動して、声が聞こえているのです。それは死んだお母さんの声であるといっていたそうです。

そしてその声と話をしているうちに、その人の頭は中継所になって、やがていろいろな人格が憑依《ひょうい》して話をしだして、コントロールできなくなり、人格が破綻《はたん》してしまったのです。

やがて、その霊能者は病気になってしまい、病名はわからないまま亡くなったのだそうです。

これはパイロットババジから聞いた話です。

高次元の存在につながる大切さ

何かの修行を自己流で行い、浄まっていないところのいろいろな意識が活性化し、潜在意識の別の人格が本人の人格を乗っ取ってしまったりすることがあります。

またこうしたエネルギーは伝染するので、そこに集《つど》う人もそうなったりします。

昔は、そのような著《いちじる》しい人格の変貌を、狐憑《きつねつ》きなどと呼んでいました。

いま「引き寄せの術」ということで、潜在意識を操《あやつ》ろうとしている人がいます。しかし、それはその場限りのものです。

高次元の存在につながらないまま、超能力目当てに修行をしている人も、ときに著しい人格の変貌を見せることがあります。狂ってしまう人もいるでしょう。

一時的になにかが乗り移って、あれこれいい当てたりすることができても、最後には大きくバランスを崩して苦しむのです。海外では、そうした人が団体の師になることがあるようです。
そうした人の言葉が、本当に神託かどうか判断するということで、審神者《さにわ》が呼ばれたりしますが、霊能者はもちろん審神者も浄まっていないので、どうにもならないようなのです。

体験談③良いことが加速していく――感動の退職祝い

ヨグマタジと出会ってから、たいへん嬉しいことが多くありすぎて、書き尽くせないほどです。良いことが加速しています。

先日、九年間社長をやっていた会社を、世代交代のために退職しましたが、この最終日に多くの社員の皆さまが集まってくれ、海外からも代表者が来てくれまして、皆さんで盛大に私の退職を祝い、感謝の会を開いてくれました。

たくさんの餞別《せんべつ》ももらい、海外からのメッセージも届いて、最後は人垣《ひとがき》のなかを握手しながら通り抜けました。

実はこのような光景が、五年前に見えたことがあります。それは当時の自分が描いた理想の姿だったのですが、四日前に経験したこの場面と寸分違《すんぶんたが》いませんでした。感動しました。

退職を決意して以来、会社を良い状況にしてバトンタッチしたいと思い、人のためになることを心がけてきました。そうなると、さらに良い状況になるという連鎖を感じます。社員同士が自発的に助け合うようになりました。

「他人の自立を促《うなが》す、助けるということが善行」とヨグマタジの言葉にありましたが、まさにそういうことだと思います。

陣頭指揮も良いと思いますが、後方支援も大切だと思います。

陣頭指揮して成果が出るよりも、部下が力をつけ、自発的に動いて、それを励まして成果が出るほうが、喜びは深いようです。何よりも本人が成長し、意欲を高めてくれます。

今、不思議なことに悩みが見当たりません。

最大の課題だったことは三つでした。一つ目は父の問題、二つ目はいつまで今の仕事をするんだろう？　という漠然《ばくぜん》とした不安、三つ目は、親切で良い人になりたい、でしたが、三つとも出口が見えてきていて、長いトンネルの出口から光が射してきているような感じです。

九十一歳の父親の問題は、ヒマラヤ瞑想に出会ってからの最大の解決すべき課題でした。市のケアマネージャーからも、経験したなかでもっとも頑迷《がんめい》でやっかいな高齢者のひとりと折り紙をつけられた父でしたが、今、その父に大きな変化が起きつつあります。母から連絡があり、父が優しくなっているとのことでした。

これが実に不思議な出来事の連鎖で起きています。

一夜《いちや》にして突然に起きた変化ではなくて、眼科で問題発生、診察に付き添ってすぐにきちんと対応し、手術決定していったという、二週間に起きた出来事と行動の連鎖《れんさ》で生まれてきた結果です。

父は、こうした私の一連の対応に感謝し、「ありがとう」をよくいうようになってきました。意図《いと》して仕組んだことではありませんし、そのようなことができるはずもありません。そこには、大いなる愛の力が働いていると感じます。

良い連鎖は次々と起きています。

次の仕事もすぐに見つかりました。今まで培《つちか》ってきたことが、さらに生かせそうな素晴らしい会社とポジションです。

金運も良好です。お金が必要になると、ちゃんとそれに見合った収入や資産増加を伴っています。良いことにお金を使おうとすると、そうなります。

夫婦円満です。長男、長女ともに健《すこ》やかに幸せで、良い仕事を持っています。長男の嫁も良い人で、みんなで家族旅行をしています。とても仲が良い家族です。

これに両親の幸せと長寿が実現しつつあるわけですから、本当に幸せなことだと思います。

長いトンネルを抜け出ると、そこはどういう世界や光景が広がっているのでしょう？　楽しみです。この温かい安心感と幸福感は、自分を包んでくれています。そして、同様にゆとりを持って人に接することができます。

さらに、良い連鎖を起こしていきたいものです。

ヨグマタジに、FMヨコハマの放送を偶然聞いて、出会ったことは、私のなかに神さまとつながることのできる愛と善の人をめざそうという気持ちを芽生《めば》えさせてくれました。

「愛と光とエネルギー」に満ちた人であっていこうと思います。

エネルギー源は、心から湧いてくる感謝の念、そしてそれを言葉に出しての「ありがとう」のような気がする、今日この頃です。

ありがとうございました。


（神奈川県　六〇代　男性／会社役員）

第7章　人は善行で苦難から免れることができる

人から危害を受ける、その理由とは

観音経には、たいへんな危害を受けて、命が危険にさらされても、観音菩薩の「名号《みょうごう》」（お名前）を唱《とな》えれば、そうした災厄《さいやく》から免れることができると、さまざまに説かれています。

危害や災厄などは、カルマによって引き寄せられてくるものです。

観音菩薩を信じて、その名号を思っていることは、心を純粋にしていく波動です。

聖なる音で心を浄《きよ》めて、危害や災厄につながるカルマを引き寄せないようにします。

つまり、マントラによって、心につながらないので、それを超えられるのです。

私が主宰するサイエンス・オブ・エンライトメントでは、最初に、カルマを浄めるマントラを差し上げています。

人は過去生からの、蓄積されたカルマがあるだけでなく、今生《こんじょう》でも、さらにまたカルマを積んでいるので、何に遭遇《そうぐう》するかわかりません。ですから、それをマントラで浄めていくことが肝心なのです。

すると、過去生からのカルマも、これから受けるカルマも浄めて、マントラの波動がオーラのように自分を覆《おお》って、守ってくれるわけです。

たとえばパワハラ（パワー・ハラスメント）やセクハラ（セクシャル・ハラスメント）といった、

さまざまなハラスメント（いじめ、嫌《いや》がらせ）が大きな社会問題となっています。モラハラ（相手への道徳いじめ）とか、あるいはマタハラ（妊娠、出産をめぐる、職場でのマタニティー・ハラスメント）で困っている人もたくさんいるようです。

私のところに、そうしたハラスメントを受けて、相談に来る人もいます。

このハラスメントに関して、私がとくに申し上げたいのは、心のエネルギーについて理解することが大切だということです。

たとえば女性が、あの男の人が怖いとか、あの人はどうして意地悪《いじわる》なのかしら、などと思ったりして、いじめられてしまうケースがあります。

それは、その女性の心のエネルギーが、相手の人の心のエネルギーにつながってしまったためです。

許しとか、気にしない、というほうに行かずに、過去に誰かにいじめられたといった体験のところにいって、恐れを出したりすると、相手を刺激して、それと同じエネルギーが返ってくるのです。こういうことが自動的になされてコントロールできないのです。

パワハラとかセクハラを受けるというのは、相手のエネルギーの捨て場みたいになって、癖になってしまっているためなのです。いじめる側が何かを得られなかったり、その人の競争心で嫉《しっ》妬《と》心を生じたりしたのかもしれません。そういうリンクの回路ができてしまっているために、いじめる側を刺激してしまうわけです。

つまり、悪因縁《あくいんねん》ができてしまっているわけです。それがカルマです。

誰もが大なり小なりエゴがあり、恐れたり、あるいは反対に変なプライド、高慢《こうまん》さなどがあるものです。

自分で気づかない、ちょっとしたミステイクが、どんどん増幅してしまうこともあります。無知だったり、自己を防衛するため、知らないうちに、人に刺激を与えたり、傷つけてしまったりする場合もあるかもしれません。

今生で原因が思い当たらなくても、過去生において何か相手が気に入らないことがあったり、相手の怒りを買ったのかもしれません。

自分でも気づかないところでの、そうしたエネルギーを浄めるためにも、善行を積んで奉仕して、これを学びにして自分を変えていくのです。

愛を送ると相手が変わっていく

まずできることは、相手の良いところを見て、感謝することです。すべては学びです。

あなたから愛を出していきましょう。相手の良いところを探しましょう。相手は幸せでないのです。

いじめを受けている人は、いじめている相手の幸せを祈りましょう。

まだ自分が浄まっていないので、祈ることが難しい人は、マスターに祈ってもらいましょう。

祈願を出してもいいでしょう。

人に危害を加えたりする、破壊的なエネルギーというのは、その加害者本人に、カルマが返ってくるわけです。

観音経にこんな一節があります。

「まじないで呪《のろ》ったり、毒薬を飲ませて人の身を害そうとする者が現れても、かの観世音菩薩の偉大で不思議な力を念じるならば、その呪いと毒薬は、逆に、それをほどこした本人に返っていくでしょう」

（筆者の現代語訳）

神の力はよい人に働き、悪い人には報《むく》いとして返っていくのです。

ヒマラヤ秘教でも同じように、誰かにいじめられたとしても、強い信仰心とマントラの修行で救い出され、危機を逃れることができるのです。人に苦しみを与えようとした者に、報いが返っていくのです。

また、よくお化けを見るという人が、ディクシャをいただいたら、お化けを見なくなったという話も聞きました。

そのことがまた起きないように、繰り返さないように、その人を許したり、その人が心を入れ替えて幸せになりますようにと、祈ることが大切です。

いじめられた人が、いじめる側が幸せになるのを祈るのは難しいと思うかもしれませんが、あなたの深いところには、観音さまのような慈愛の心があるのです。それをヒマラヤ秘教の実践で開発することができます。

また、日ごろから人を平等にみる癖を育てていきます。高次元の存在につながり、純粋な心で、相手に愛を送ることで、その人の怒りも鎮《しず》まってきます。

それで相手のやさしさのようなものに火がつくと、相手が反省をして変わっていくのです。あなたの愛を育み、それをまわりに送ると、相手は変わるのです。神を愛し、みんなを愛し、常に中心にいると、神の愛が満たされていきます。

あなたの魂を目覚めさせましょう。ヒマラヤの秘法がそれを助けます。

高次元のエネルギーで、悪いカルマが溶けてしまう

カルマが染みついていると、そのカルマを繰り返していくことになります。

悪い人を引き寄せるカルマは、自分のなかに類似したカルマがあるということなのです。

たとえば、過去生からの類似するカルマがあると、そうした厳しい出会いがあります。いじめられたり、仇討《あだう》ちされてしまうことがあるわけです。

また、自分のなかに恨みの思いがあると、悪いものを引き寄せてしまうわけです。

誰もがたくさんの、良いカルマと悪いカルマを持っています。環境が悪いと、もともと持って

いる、そういう悪いカルマが目覚めやすいのです。

神、真理につながる信仰を持ち、修行をすると、良いエネルギーの祝福を受けて、守られて幸せになっていきます。

マントラを拝受して、瞑想をして、心身を高次元のエネルギーで浄めます。

そうすると、悪いものは近づいてこなくなります。悪いものに引き寄せられず、良いものをどんどん引き寄せていくように変わっていきます。

みんなの幸せを祈って、良いエネルギーを発していけば、高次元のエネルギーの波動が皆さんを覆うので、悪いカルマが取れて、悪い縁が切れるのです。

このようになっていくと、エゴでぶつかりあい、騙《だま》しあうような世の中から、愛を出して助け合っていく世の中に変わっていくのではないでしょうか。そして、お互いに尊敬しあい、平和になっていくことでしょう。

セルフィッシュな我欲を捨てて、自分のカルマを浄める

神さまや仏さま、観音さまの名前（名号）を唱えれば功徳がある、念ずればいろいろな欲望が叶《かな》う、と受け止めている人がいるようです。そのような現世利益《げんぜりやく》のみを願う、エゴを育てていく生き方や考え方は推奨できません。

信仰の道を歩むには、まず、自分のエゴの欲望を差し出さなければいけません。

そのためには、まず、自分のエゴの欲望を愛に変えて、差し出さなければいけません。ここが肝心なことです。皆さんには、ぜひ、このことをしっかり受け止めていただきたいと存じます。常に、これが欲しい、あれが欲しい、パワーが欲しい、などと心に念じて、それらを欲しがるというのは、欲深いことです。信仰とは、欲を満足させるものではありません。

本当の幸せ、本当の信仰は、自分のエゴのためでなく、信仰によって得るパワーを人の幸せのために使うものです。また、自分の心の進化のために使うのです。

現世利益を求めるのは、決して悪いことではないのですが、それは方便であり、その先に本当の人生の目的があるのです。

人はある程度満足しないと、悟りの世界にはなかなか目が向かないものです。それなりに満足すると、ようやく自分が、本当に求めていたことができるようになります。

生きるために必要な願いもあるでしょう。あなたがそれを叶えたら、その度が過ぎないように、霊性を高め神聖な人に成長しましょう。分かち合い、そしてあなたの意識を成長させていくのです。

欲望を満足させても、いっこうにお腹はいっぱいにならないのです。あなたは、魂の願いを満足させること、本当の自分に出会っていくことではじめて満たされるのです。

すべては神が行っているのです。神さまにお任せします。

必要のある願いは、自然に叶っていきます。カルマも浄められ、究極の真理に出会っていくことができるのです。

それが真理への道であり、悟りへの道でもあります。

エネルギーが分散すると、道に迷いかねない

功徳《くどく》を積むこと、善行を積むことは、エネルギーの充電につながっています。そのエネルギーは、自分がさらに変容するために使われます。

こちらの岸（此岸《しがん》）にとどまっている人が、向こう岸（彼岸《ひがん》）に行くには、たいへんなパワーを必要とします。

たとえば、水を鍋に入れて火にかけて、温めます。温度がだんだん高くなり、一〇〇度になったら沸騰《ふっとう》して湯気《ゆげ》に変わります。

水が水蒸気に変わるには、一〇〇度にまで熱する薪《まき》やガスや電気のエネルギーが必要なのです。せっかく蓄えた薪やガスや電気のエネルギーを、別のことに使ってしまうと、水は一〇〇度にまで熱することができず、湯気にはなりません。

それと同じように、こちらの欲望、あちらの欲望と、あっちに行ったり、こっちに行ったりして、ふらふら歩いていてはいけないのです。

エネルギーは分散しますし、消耗《しょうもう》も激しいものになります。そうこうしているうちに、道に迷うことにもなりかねません。結局何も得られないまま、疲労してしまったり、憔悴《しょうすい》してしまった

りするわけです。

人は何生《なんしょう》も何生も、心とカルマを超えることができずに、カルマに引きずられた人生を送ってきています。

人は常にいろいろに考えて消耗しています。常に恐れと心配を持って、体と心を消耗しているのです。

在家の修行、六波羅蜜

スピリチュアルな道に出会っても、瞑想を始めても、正しいガイドがないとつづきません。

六波羅蜜《ろくはらみつ》は、大乗仏教の彼岸に行くための、人間を最高に完成させるための修行です。波羅蜜とはサンスクリット語で、パーラミターといい、彼岸に渡るという意味です。悟りを完成することです。

向こう岸に行くこと（悟ること）は、自分の本質に出会っていくことであり、真理に出会うことです。本来の自分になっていくことです。

それは、天国に行くことであり、苦しみを取り除く生き方でもあります。

ヒマラヤ秘教の教えは、悟りを目指すものです。仏教にも、その悟りの考えが取り入れられたのです。

それは神の世界、魂の世界、向こう岸に行くことであり、そのために、浄め、いいエネルギーを蓄積していくのです。瞑想に行くまでの心と体の使い方です。それはヒマラヤ秘教に通じるものなのです。

六波羅蜜の修行の一つ目は布施《ふせ》です。サンスクリット語でダーナといいます。そのダーナが、日本語の檀那《だんな》になりました。日本語の檀那は、分かち与えることという意味です。

布施は、執着を取り除いてくれます。

捧げることでカルマが浄まります。自分をサレンダー（明け渡し）します。

人はものやお金、価値観に依存し、執着しています。それを手放して、本当の自分に近づきます。そして奉仕をします。

人を助け、善行を積みます。良い行為で、カルマが浄まります。

ものを捧げ、知識を捧げ、時間を捧げ、純粋になりましょう。

もし捧げるものがなにもないのなら、笑顔を捧げましょう。

二つ目は、持戒《じかい》といいます。

戒《いまし》め、規律を守ります。エネルギーを正しく使います。思いやりの行為をします。人を傷つけず、人を助けます。清潔にします。足ることを知ります。

在家者には、少し柔らかい戒律になります。

三つ目は忍辱《にんにく》です。しっかり耐えてやっていきます。

見えない存在につながり、信じてパワーをいただきます。そしてあきらめないで修行をつづけます。悟りへの道をつづけます。忍辱の心で耐え、いらないものは捨てていきます。人のエゴとのぶつかりあいを許します。そして信じ、良いエネルギーに変えます。神、マスターを信じ、自己（本来の自己）を信じます。誘惑の言葉に負けず、永遠の真理に向かうのです。欲望を振り払います。

そして精進と禅定へと進む

四つ目は精進《しょうじん》です。精神を統一して、つづけます。

マントラをいただいたら、その瞑想をしっかりつづけていきます。揺るぎない信仰心で、つづけてやっていきます。

ヒマラヤ秘教には、あなたを悟りに導かせるヒマラヤシッダー秘法があります。そうした高次元の存在に意識を向けて、それを揺るぎないものにしていきます。

五つ目は禅定《ぜんじょう》です。瞑想をします。心を静めます。

ヒマラヤシッダー瞑想を行い、静寂に入っていきます。マスターからのアヌグラハの恩寵《おんちょう》をいただきます。

六つ目の最後で、智恵を得ます。それは真の気づきです。

自分はいったい誰であるのか、最終の答えを得るのです。実際に体験するのです。

こうした道を、アヌグラハのヒマラヤの祝福があることで、安全に楽に進んでいくことができるのです。

罪意識と懺悔について

罪意識があることにより、エネルギーを消耗してしまうということがあります。

たとえば、宿題が終わってから寝ると、ぐっすり休むことができますが、宿題をやらないまま眠ってしまうと、学校で立たされて怒られている夢を見ることになったりします。

それと同じように、功徳を積んで、いいことをして寝ると、しっかり眠れるわけです。

瞑想を始めたばかりの人が、静かに座ったりしているとき、敏感になり、誰かに恨まれているといったことを気にしてしまうものです。

それは自分のなかの、何かで人を傷つけた、過去生からの刺激であるかもしれません。何か隠したものがあると、そうしたものが現れてきて、すっきりさせないのです。

ですから、しっかり、懺悔《ざんげ》するとよいのです。積極的に良い行為をしていきます。布施と奉仕を行い、カルマを浄めます。瞑想の前に善行をしっかり行うことが大切なのです。自分を責めたり人を責めたりという否定的な心から、自分を許し、人も許していくように変わることです。自分の無知を反省します。

お詫びをし、人を助け、より良い行為をしていきます。そのうえでヒマラヤシッダー瞑想を始めるのがよいのです。

人の潜在意識のなかにはいろいろなものが詰まっています。ですから宗教では、懺悔をするのです。

そして懺悔を聴く立場の人は、本当に神につながっている必要があります。

功徳を積むだけでも修行になる

功徳について、いろいろ述べました。

功徳を積むだけでも修行になりますから、インドの人は善行をします。

インドでは、修行者を助ける聖者に奉仕し、布施をする慣習があるのです。その布施とは、信奉者が食事をふるまったりする、神や聖者に対する献身のことです。

会社の社長さんなどが、聖者にお寺を寄進《きしん》したり、大きな布施をしたりしています。

そのことにより、その企業ごと、功徳が高まり、神からの祝福をいただけます。

善行をしていると、気持ちが良く、安らぎますから、瞑想と同じ効果があるのではないかと思います。

善行をしていると、自分はいいことをした、と自信が湧《わ》き、力がみなぎってきます。力強く自信に溢《あふ》れるようになりますから、事業の繁栄につながっていくのです。

そうした生き方をしていると、自分から良いエネルギーがにじみ出てきます。あなたの収入の一部を人の意識が高まることをする団体に捧げると、犯罪が少なくなり、社会全体が、思いやりと感謝のより良いエネルギーで満ちてくるのです。

大切なのは、功徳を得るためではなく、執着を取り内面を浄化するために善行をするということです。

布施によって、執着が取れ、整理整頓され、より良い瞑想ができるのです。

功徳を得るには、無欲で行うことです。隠れた善行を行うのがよいのです。

そうした後に、瞑想を行うとよいのです。あわせてヒマラヤシッダー瞑想をはじめとする内側の修行を行うのです。

最も大切なことは、悟りのサットヴァ（純性）のエネルギーに変容したマスターにつながることです。そのエネルギーが祝福としていつもあなたとともにあり、浄化されるのです。そしてサレンダーすることで、自然にタマス（暗性）からサットヴァに向かいます。すみやかに内側が変容して、さらに善行が輝いていくのです。

こうして、まわりの人や世の中に、愛の明るいエネルギーが放たれていくのです。

高価な宝を受け取らなかった観音さま

お布施、寄進に関しては、観音経に次のような場面があります。

「無尽意《むじんに》菩薩は、お釈迦さまのお話をうかがって、こう申し上げました。

『世間に尊ばれているお方である、釈尊《しゃくそん》よ。私は今、まさに観世音菩薩を供養《くよう》いたします』

そして、首に掛けていた百千両の金の価値がある宝珠《ほうじゅ》（尊い宝の珠《たま》）・瓔珞《ようらく》（首や胸の飾り物）をはずして、それを観世音菩薩に捧げて、こう申し上げました。

『すぐれたお方よ。この珍しい宝をお供《そな》えしますから、どうぞ受け取ってください』

そのとき、観世音菩薩はあえてお受け取りになりませんでした。

そこで、無尽意菩薩は再び、観世音菩薩に申し上げました。

『すぐれたお方よ。私たちのような仏心の乏《とぼ》しい者をあわれとおぼしめし、この瓔珞を受けてください』

そのとき、お釈迦さまが観世音菩薩に言われました。

『この無尽意菩薩、および比丘《びく》・比丘尼《びくに》・優婆塞《うばそく》・優婆夷《うばい》・天・龍・夜叉《やしゃ》・乾闥婆《けんだつば》・阿修羅《あしゅら》・迦《か》楼羅《るら》・緊那羅《きんなら》・摩睺羅伽《まごらか》・人非人《にんぴにん》などをあわれと思い、この瓔珞を受け取るのがよいでしょう』

と。

すると、ただちに観世音菩薩は、比丘・比丘尼・優婆塞・優婆夷・天・龍・夜叉・乾闥婆・阿修羅・迦楼羅・緊那羅・摩睺羅伽・人非人などをあわれに思い、その瓔珞を受け、それを二つに分け、ひとつはお釈迦さまに奉《たてまつ》り、もうひとつは（多宝如来《たほうにょらい》がいらっしゃる）多宝仏の塔に奉りました」


（筆者の現代語訳）

観音さまは、最初は、お釈迦さまの説法を聞いて菩薩の生き方に感動した無尽意菩薩からの、百千両の金の価値がある宝珠と瓔珞のお布施を受けることを辞退しました。

ところが、お釈迦さまの勧めで、人々のために、遠慮せずに、瓔珞だけを受け取ることにしました。

その瓔珞を二つに分け、ひとつはお釈迦さまに奉り、もうひとつは、お釈迦さまの説法が不滅の真理であることを証明する、多宝如来のいらっしゃる塔に奉ったのです。

多宝如来とは、釈迦が説法をする際に、宝塔を出現させて、その尊さを立証し、賛嘆《さんたん》する如来です。

つまり、観音菩薩は、財施《ざいせ》は受け取らずに、清浄な法施《ほうせ》を受け取ったわけです。

純粋なお布施がもたらすもの

観音さまは法を説かれるお釈迦さまと、それをほめたたえる多宝如来にお供えしたのです。

このことは、物質的な欲を捨て去ることの大切さと、真理を伝える大切さを象徴しているのだと思います。

そしてまた人は、真心《まごころ》のこもった布施と奉仕をすることが大切であることを示しているのです。

純粋な布施と奉仕をすることによって、善行によって功徳を積んでいくだけでなく、執着がはずれ、自分の魂が浄まり、そして輝くようになるのです。そうして、まわりに真理が伝わり、その輪が大きく広がっていくのです。

人々の信仰を集める菩薩であっても、おごりを捨てているのです。このことは、神やブッダというマスターからの恩恵があって、正しい行為ができ、その結果をいただけていると、常に自分の成果にしないという戒《いまし》めです。

どんな善行も、自分がやったというおごりにならないようにし、悟りが遠くならないようにしています。これは、幸福への道、悟りの道を進む者の心構えです。

マスターによってガイドされて意識が高まったことを忘れ、エゴになることを戒めているのです。

体験談④長年の肩こり解消！　フルマラソンも快調

私は事務職で、一日中パソコンに向かっています。もう何年もそのような生活をしているので、肩や首のつけねが、凝《こ》りを通り越して、痛くて痛くて、という有様でした。

それが瞑想を始めて一ヵ月も経たないうちに、「あれ？　最近首が楽。それに肩もらくらく回せる！」と気づきました。

瞑想で肩こりを治せるなんて、思いもしませんでした。

ストレッチをやったり、整体に行ったりしたときより、確実に奥のほうから自然に良くなっていました。まったくビックリです。

仕事量は何も変わっていないのに、肩こり知らずです。

「凝ってるでしょ？」と、ふざけて私の肩を触った仲間が、ビックリしていました。

また、私は年に一、二回、フルマラソンの大会に参加するのを楽しんでいるのですが、仕事や家事が忙しくて、トレーニングの時間が取れません。

以前は、そのことでイライラして、ほんらい楽しむための趣味がストレスに感じることが多々ありました。

それでもまわりに挫折《ざせつ》したと思われるのが嫌で、少々ムキになって、なんとか走っていたのですが、あちこち故障します。おそらく練習量と肉体とのバランスが取れていなかったのだと思います。

それが瞑想を始めて、だんだんヨグマタジへの信頼が深まってくると、日常のちょっとしたことも、ヨグマタジに祈ってから始めるのが楽しくなりました。

「今度の大会で完走するために必要なだけの練習の時間を与えてください」と祈りながら、毎日過ごしているのですが、不思議なことに、雨つづきの日々に私が走れる時間のときだけ、スッとやんだりするのです。

でも、それは一般的なフルマラソンを完走するための、ハウツー本に書いてある練習量からすると、かなり少ない時間なのですが、たくさん走っていたときよりも断然調子が良く、楽に走れるし、体も軽く回復も早いのです。

あんなにストレスや不安と闘いながら走っていたことが嘘のようです。


また、自分自身の受け取り方も、大きく変化しました。

練習をしようと予定していた日に急な仕事が入ったりして、できなくなると苛立《いらだ》ちましたが、「今日はヨグマタジが練習しなくても大丈夫とおっしゃっているのだ」と感じられるようになりました。

逆に「今日はちょっとサボりたいな〜。見たいテレビもあるしな〜。残業で疲れたし〜」と思う日に、なんの障害もなく練習できるタイミングであれば、これはヨグマタジからの恩恵として悶々《もんもん》と迷うことなく、シューズを履《は》いている自分がいます。

今日も自分が頭で計画していたタイミングより三十分早く、なぜか体がスッと動いて走り始めました。

予定のコースを走り終え、玄関の内側に入ったとたん、ザーッと雨が降ってきました。

これには、思わず鳥肌《とりはだ》が立つと同時に、いつも見守られ、願いを聞いてくださっているんだと感謝でいっぱいになりました。
もっともっと絆《きずな》を深めたいと思っています。本当にありがとうございます。
（三重県　五〇代　女性／会社員）

第8章　すべての人に智恵の光がある

すべての人に仏性がある

すべての人に仏性《ぶっしょう》（神性《しんせい》）があります。

仏性というのは、完全性、すべてを知っている智恵、真理の智恵です。

ブッダ（覚者《かくしゃ》）になることは魂《たましい》になることです。

仏性はサンスクリット語でプラギャ、漢訳は般若（ハンニャ）であり、魂のクオリティです。

人には、心を超えた奥深いところに、個を超えた、そういう特質があります。

それに出会っていくことで、人はブッダになっていくのです。

誰のなかにも、すべてを知っている智恵（プラギャ）の存在、仏性を持つ存在があるのです。

さらに悟りは、究極の源《みなもと》、すべてを生み出す元に戻っていくのです。人はそこから生まれ出てきたのです。すべてを超えて、やがてそこに還《かえ》っていく旅をしていきます。それがセルフ・リアライゼーションです。

人はそこから生まれて、そこに還っていくのです。

人には神から生まれた、そういう智恵と愛と生命力があるのです。

修行によって、そうした仏性が現れてきます。

ヒマラヤ秘教の実践は、真の悟りに向かう、本当の自分になっていく修行です。

ヒマラヤ秘教には、愛の道、智恵の道、エネルギーの道、という三つの道があります。それを総合的に行い、すみやかに本質に還っていくのです。

愛の道は、信仰して愛を深め、愛と一体となっていくものです。

マントラを拝受して、ウィルパワー、つまり意志の力を養う修行を行います。浄《きよ》めの修行を行います。

マントラの修行を行い、マスターと真理への愛の強い力を養い、それをシェアし人を助けて、悟りに進むのです。

あちこちフラフラするのではなくて、意志の力を養って、自己を信頼して悟っていきます。

智恵の道は、悟りのマスターからの真理の言葉を信じ、またそれで気づいていき、真理を悟っていくものです。心の奥には智恵が眠っています。それを目覚めさせていきます。

そして心を超えた源に、生命エネルギーがあります。エネルギー（パワー）の道は、心身を浄化し、サットヴァ（純性）にしていくもので、エネルギーを消耗しません。純粋になって充電していくのです。

エネルギーが漏《も》れないように、常に感謝の人でいます。

カルマヨガ（奉仕のヨガ、行動のヨガ）などによって体と心に良いエネルギーを蓄《たくわ》え、とらわれない捧げる使い方で執着を取り除き、パワーと智恵を蓄積します。浄化して、根源に入っていきます。

ヒマラヤ秘教は、真のヨガの源流であります。仏教の源流でもあり、神つまり真理に出会うための教えであり、本当の自分になるための実践です。そこに行くためには、マスターのガイドが欠かせません。

この三つの道を真摯《しんし》に進んでいくことによって、仏性、神性が顕現《けんげん》してくるのです。

根源の自己、つまり魂になっていくには、深い瞑想をしていきます。心を超え、体を超えていきます。マスターからのアヌグラハがあると、最速で進むことができます。それはマスターに出会い、信頼をすることで、手に入れていくことができるのです。

「本当の自分」とは

「自己実現」「自己啓発」といった言葉があります。「自己意識」「自己愛」「自己責任」「自己管理」もよく使われる言葉です。

私たちは、何事も自分でしっかりやっていくことが大切なのですが、その自分は心でしょうか、体でしょうか。

一般的に「自己○○」というときの自己は、心であることが多いようです。自己啓発などは、心の才能を伸ばすことであったりします。

心理学的に、嘘をつかない自分とか、素直《すなお》な自分とか、素《す》のままの自分といった言い方もあります。それは単に、子どものときの純粋な自分といった意味です。それも、心を自分としていることが多いようです。

また通常、自分というのは、心も体もすべて指しています。

ヒマラヤ秘教やインド哲学でいう「自分」とは「自己」「セルフ」であり、英語ではTrue Selfです。、つまりアートマンという存在です。「本来の自己」とも呼ばれます。

「アートマン」はサンスクリット語のAtmaであり、「真我」と訳されていますが、日本語では「魂」です。「セルフ」です。

そして、セルフよりもさらに高い次元、それが「トゥルーセルフ」「本当の自分」です。「本当の自分」をセルフに含めることもあります。

「パラマアートマン（パラマートマン）」は、「至高の自己」のことです。「最高の自己」とか、「大いなる自己」ともいいます。

パラマというのは至高とか偉大ということですから、パラマアートマンは至高の（大いなる）セルフというわけです。それはブラフマンでもあるのです。

この自分のなかに、神があるということ

そうした自己は純粋な存在です。心の奥深くにあり、波動が違うので見ることができません。

雲のなかに隠れた太陽のようなものです。

それはずっと曇っていて、晴れていないのです。それがあることさえわからないのです。

そして本当の自分が神である、あるいは神から分かれた分神であるといっても、この小宇宙のなかの奥深くに、真の自己つまり神があるということは、ほとんどの人がわからないのです。

しかし、それを体験したのがヒマラヤの聖者です。

そしてヒマラヤの聖者は、あなたが幸せになるには、本当の自分、真理を知ることなのですよ、と啓蒙《けいもう》しているわけです。

本来のあなたは、この体と心を生かしめている輝く存在であり、魂、トゥルーセルフです。それが本当の自分なのです。

遠くに神を探しに行っても、神が祀《まつ》られているところにあるわけではありません。神に出会うというその神は、自分のこの体のなかにあるのです。

インドでは巡礼が盛んです。ガンジス川の沐浴《もくよく》、ヒマラヤの聖地の巡礼、カイラス山の巡礼などです。真理を説くヒマラヤの聖者は言います。

「あなたの中に真理があるのですよ。自己の真実、真理を知りましょう」

ヒマラヤの秘教が真の宗教であるという根拠は、ここにあるのです。

神は至るところにいます。それは宇宙のすべてを生かしている存在です。

自然のなかには、何か力を感じるパワースポットのようなものもあるでしょう。そして聖者が人々のためにパワースポットの寺院や神院を作りました。もちろん宇宙の神、神々、土地の神を尊敬することは欠かせません。でも今は皆さんが成長し、次のステップに進むときなのです。自分のなかに神があり、そのことに気づいていくことが肝心なのです。

この体の奥には、魂という神の分神がいます。この心身は神の社《やしろ》なのです。つまりパワースポットは自分のなかにあり、私たちは自分のなかの神に出会うのです。

その出会いがセルフ・リアライゼーションです。完全に自由になることなのです。

その悟りは、さらにゴッド・リアライゼーション（神の悟り）、宇宙の神との出会いになっていきます。

その途上、真理をガイドする真のマスターを信頼します。神々も自分のなかにあります。それらのエネルギーがブラフマー、ヴィシュヌ、シヴァです。それぞれは生命力であり、慈愛であり、悟りのエネルギーです。セルフ・リアライゼーションをするにあたって、大切な基本のものです。

エネルギーを浄め純粋にして、サットヴァにして、助けをいただいて、悟っていくのです。それにはマスターのガイドが欠かせません。マスターへのサレンダーが欠かせないのです。

なぜなら、マスターがいなければ、こうした解説を聞いたり、神のパワーをいただいたり、秘法が伝えられ、悟りに導かれるということはないからです。ですから、マスターが最も大切なのです。シッダーマスターとの出会いは稀有《けう》なものなのです。

自分のなかの神に出会うということは、心から解放され、気づきを深めて、真理に出会うことです。

それはまた、進化した人間になることです。

宇宙の魂と個人の魂

私たちの魂は、宇宙の創造の源《みなもと》から分かれたものです。この源という言葉は、すべてがそこから生まれるという意味です。

すでに述べたように、宇宙の源はブラフマンと呼ばれています。それを「ナッシングネス」と、ブッダはいいました。

ブッダは究極には何もない、神もいない、無であるといったのです。彼は深い瞑想で形のあるものがすべて消え、プラクリティの目に見える部分が消えたので、そのことを表現したのではないでしょうか。

しかしそこには何もないのでなく、ブラフマンであり、すべてをつくり出す力があり智恵があります。物質の元（プラクリティ）とエネルギーの元（プルシャ）があるのです。それをインドでは神と呼んでいます。

そして、そのブラフマンから分かれた、聖なるエネルギーが三つあります。それがシヴァ、ヴィシュヌ、ブラフマーです。

ちなみに、日本でいう梵天《ぼんてん》さまは、ブラフマー神、創造の神を指します。究極の存在の梵天は、ときにブラフマンを指すこともありますが、そこから送られたブラフマーを指すことのほうが多いようです。

ですから、創造の源であるブラフマンは、大梵天《だいぼんてん》といっていいでしょう。サンスクリット語ではパラマアートマンあるいはパラマブラフマンといいます。

パラマブラフマン（パラマアートマン）は、自分の体を生かしめ、心を生かしめてくれる真理です。変わらない永遠の存在であり、時空を超えた存在です。

その存在を「ユニバーサルソウル」と呼びます。

宇宙の魂、宇宙の源から分かれたのが個人の魂です。それは変化をしない魂であり、セルフが変化をしない魂です。

つまり「インディヴィデュアルソウル」「個人の魂」です。

インドの人は、シヴァ神、ヴィシュヌ神という、直接パワーを感じる神を、形に表して信じています。実感できるからです。そこから分かれる神々も尊敬しています。

多くの聖者、修行者は神のパワー、シッディを得たいと、ゴッド・リアライゼーション（神の悟り）の道を目指します。しかし、ヒマラヤの聖者は、自己の悟り、セルフ・リアライゼーションを目指したのです。

梵天さまと帝釈天

先ほど述べたように、梵天はブラフマーを音写した言葉です。最高神のひとつであるブラフマー神が仏教に取り入れられ、仏法を守る梵天さまとなりました。

梵天とならんで有名な帝釈天《たいしゃくてん》は、もとはインドラ神です。

インドラ神は、古代インドの軍神であり、英雄神です。インドラは天国の神であり、すべてをコントロールする存在です。

そのインドラは帝釈天といわれ、仏教の守護神となりました。仏教はヒマラヤ秘教の影響を受けているともいえるのです。

観音経には、観音さまが梵天さまと帝釈天に変化《へんげ》して現れることが述べられています。さまざまに姿を変えて人々を助けるヴィシュヌ神にも、シヴァ神にも、一千もの神の働きの名前があります。それを超える力がセルフにあるのです。

究極のサマディに入るということは、これらの神々を超えることなのです。源に還ることなのです。そこからすべての願いが叶《かな》うのです。

観る意識を進化させていくのが悟りへの道

観音さまには、観音菩薩、観自在《かんじざい》菩薩、観世音《かんぜおん》菩薩という三つの訳があります。もともとはサンスクリット語ですが、それを漢訳した人によって、別々の言葉になったのでしょう。

三つの漢訳は、音を観る、自在に観る、世の中の音を観るというように、「観る」というところが共通しています。

「観る」は観音さまの本質を表していて、観音さまはそのような「観る」菩薩にほかならないということです。つまり、高次の意識になれる存在であるということです。「観る」人とは、自己になったということです。

さらに、観音経には純粋な心で見ることの大切さが記されています。それはヴィシュヌ神という慈愛のクオリティであり、その性質を体現しているのがブッダであり、観音さまというわけです。

次のような観音経の一節があります。

「真実を観《み》ること、清らかに観ること、すぐれた智恵で観ること、哀れみをもって観ること、そして慈《いつく》しみをもって観ること、それらを常に願い、常に仰ぎ見ることが大切なのですよ」

（筆者の現代語訳）

ブラフマンは至高なる神、至高神なのです。

ヒマラヤの聖者は、究極のサマディに達しました。究極の意識状態に達したのです。観る存在となり、神の意識を得たのです。

すべての菩薩は、功徳《くどく》を積んで、悟りを目指しました。宇宙が創造されたとき、源から現れたのは光であり、さらに音がやってきました。その音が集まって言葉になりました。それが、心となったのです。

その心の音を観る存在になること、それが悟りです。それを観る魂に還るのです。そのとき、観るということ、そのままであることが起きるのです。

それは神になることです。

神とは宇宙のすべてを生かしている存在です。ただあるという状態にあるのです。どこにも行かないし何も欲しがらない、受け取らない、ただそこにあり、永遠の時にあるのです。

ヒマラヤ聖者も、そうしたクオリティをもって観ているのです。そして、そのクオリティで人々を救済することができるのです。

インドでは、シヴァ神は破壊の神であり、悟りに導く神でもあります。シヴァ神は究極の意識であり、純粋意識です。

インドの哲学では、この世界は、至高なる存在、純粋意識のプルシャ（観るもの）と物質の元になる存在であるプラクリティ（観られるもの）で構成されています。このプラクリティとプルシャが一体になって、すべての宇宙がつくられ展開していきます。魂はプルシャの一部です。魂が自分であることに気づくことで、観ることが起きるのです。

そのためにプラクリティを限りなく純粋にする、浄化の修行をするのです。それが奉仕であり、布施です。そして瞑想を行い、本当の自分になっていくのです。

最後に自分は体ではなく心ではない、本当の自分が魂であることに気づくのです。体験的に気づくのです。それが究極のサマディ、悟りなのです。

私のところでは、ドラスタバワという瞑想を行っています。このドラスタバワにより、観られるものが消えていきます。そして観る存在そのものになります。それは、本当の自分に還ることでもあります。

瞑想すると内なる音が聞こえてくる

「観想」という言葉があります。それは、心を集中して、対象を深くイメージして、観ることです。

インドでは、神やマスターの神像を作りました。もっとも有名なマスターの像は、ブッダの像です。

仏像以外にも、曼荼羅《まんだら》やエネルギーの形のヤントラ（象徴的・神秘的図形）などをイメージして、パワーを取り込む、観想法という修行もあります。

「阿」の字を観想する仏教の「阿字観《あじかん》」が、よく知られています。

マントラを拝受して、マントラ瞑想修行をしていきます。

瞑想が進化していくと、瞑想で内側に聞こえる音が変化してきます。

最初は、物質的なジャンジャンといった楽器のような音ですが、次第に美しい鈴の音《ね》のようになります。

やがて透明な音となり、神聖な音が生じてきます。その音が、心を安らかにしてくれます。

それは内側が浄化されて、そのなかで発生する音が変わってくるからです。

これがインナー・ナーダ音（内なるナーダ音）です。秘法によって瞑想修行を行い、深い静寂に入っていくと、そうした音を聞くことができます。

また宇宙のかなたの音に意識を合わせて瞑想を行っても、やがてそういう音を聞くことができます。

聞こえてくるのは、秘められたインナー・ナーダ音です。

ナーダはサンスクリット語ではNadで、流れ、振動、循環といったことを意味する言葉です。

サマディに達したマスターは心身を浄め、サットヴァ（純性）というクオリティになっています。

サマディマスターの声は特別であり、透明な波動を持っています。その聖なる波動は、聖なる言葉となります。

体の内側のナーダ音や、宇宙の音やマントラの音、また聖者が発する声などは、とても微妙で、繊細で、奥深い音であるのです。

それは愛から発する音であり、智恵から導き出される音であり、純粋な生命力が満ちています。その音は、人の心を安らがせ、変容させる力があるのです。

人が修行をしていくと、内側の汚れが取れ、声も透明になり、邪気がなくなります。

聖者からもたらされる言葉は、すべて真理の言葉です。人を浄め、変容させる力があります。

修行が進めば、マントラから出る音が変わってくる

マントラの聖なる波動がどこに響くのか、それはマスターのみが知っています。

マントラを拝受して修行をしていくと、体と心が浄められます。発生する音の波動も軽くなっていきます。

心が楽しいと、声が明るく軽くなります。心に悩みがあると、重たい声になります。そのように、出す声も体の状態で違うのです。

クリヤの秘法などさまざまな修行で、心と体が浄化され純粋になっていくと、そこから発生する音の波動もさらに軽くなるのです。マントラから出る音が変わってきます。

マントラの修行や、そのほかにも悟りに至る修行をしていきますと、心が浄まって、タマス（暗性）からラジャス（激性）、さらに純粋になるとサットヴァになって、自分の質が透明になっ

ていきます。

そのことにより、マントラの音色《ねいろ》も変わって、細やかな波動になってきます。悟りに近づくのです。

マントラ修行では音とともにありますが、さらに最終的には、音をはずしていきます。音が消えるのです。それを超えていきます。それとワンネスになっていくのです。

それはひとつの高い境地で、そのマントラの質と一体になっていることです。そして、さらにもっと修行をしていくのです。

マントラは聖なる波動です。それは純粋意識の波動であり、神々の波動でもあります。

さらには最高の神につながる波動もあります。

ディクシャとは、シッダーマスターからのエネルギー伝授ですが、それによって心身を浄め、目覚めさせ、マスターとの絆《きずな》をつくります。

そしてマスターはマントラを伝授します。それはヒマラヤ秘教からの伝統の教えであり、ヒマラヤの聖者のガイドによるものです。それは、どこにもない特別な伝授です。

マントラには、じつにさまざまなものがあり、それぞれが神であり、神の力が働きます。

カルマを浄化し、願いを叶えてくれる

マスターによる祈りがあります。

サマディからの祈り（プジャ）、サマディマスターのインド式護摩焚《ごまた》き（サマディヤギャ）は、マスターの純粋な意志の力、純粋意識によるサンカルパ（神からのレベルの意志の力）によって、最速で願いが叶えられるように、天に届けられるのです。

こうしたサマディヤギャで、常にパワーをいただいて、カルマを浄化し、願いを叶えることができます。

また生きている人の供養もできます。すでに亡くなった人、先祖の供養をプジャ（供養の儀式）やサマディヤギャで行うことができます。

タマスの暗性のエネルギーから純性のサットヴァのエネルギーに変えるには、本来は計り知れない年月がかかり、少しずつ昇華し変容していくのです。

人間は何生《なんしょう》も何生も無数の生まれ変わりを経て、ほんのわずかずつ成長していきます。

今までいろいろな命を体験し、何十億年の時を経ていったのです。人間になってからも何十万年もの長い間、生まれ変わりを繰り返してきました。

「暗闇から光に導きたまえ」という言葉があります。人は暗闇に生きています。それは無知という暗闇です。修行を積んで純粋な存在になっていくと、曇りが晴れて光になるのです。

無知というのは、本当の自分を知らないことです。人はそうでないものを大切に思っているのです。

真理の言葉が気づきをもたらす

聖者の言葉は智恵の言葉です。ギヤンという叡智《えいち》の言葉です。それは気づきをもたらし、心を楽にしてくれます。

そしてこの本のように、サマディからの言葉は真理の言葉となり、気づきをもたらします。自分のエゴが溶けて、心が浄まっていき、軽くなっていきます。宇宙の真理がわかっていきます。これを読む人の意識を変容させ、成長させていきます。

人の闇は深いものです。人はそれさえも知りません。混乱して疑ったり、怒ったりし、いろいろな心に翻弄されています。無知です。

智恵の言葉によって、そうしたエゴが溶け、これらの自分は本来の姿ではない、ということがわかってきます。すべてがドラマでイリュージョンです。やがて消えていく存在であるのです。

心は磁石のようなもので、欲望でいろいろと集め混乱するもの。こうした心について気づいていきます。瞑想や修行で浄まり、気づくことで、あなたは愛の人、叡智の人、生命力にあふれる人に生まれ変わっていくのです。

そしてあなたは、真理に向かう内側の修行をします。究極のサマディを体験すると、真理がわかります。本当の自分を悟るのです。

なぜ病気になったのかがわかります。そして、その病気はどうしたら治るのかもわかります。その病気になっているのは、そのとき、心と体がバランスを取ろうとしている姿なのです。そうしたことで、心をどうしたらよいのか、体はどうしたらいいのかがわかります。すべては学びです。心配しても仕方がないことがわかります。

心は常に平静であるのがいいのです。どうしたら平静にすることができるかがわかります。すべては学びです。人生に問題があるのがいいのです。それをヒマラヤ秘教によって立ち向かい、解いていくと、真の成長ができるのです。

私はサマディレベルから、常に真理のメッセージを送りつづけています。それを本にも著《あらわ》しつづけています。

なぜなら、あなたに本当の生き方に目覚めていただきたいからです。何のために生まれてきたのか、今、最もしなければならないことは何かに目覚めていただきたいからです。もっと真理に近づき、平和になり、幸せになっていただきたいからなのです。

願わくば、修行をして、内側から自らが気づいて、平和になってほしいものです。

そして良い心を使い、愛をシェアして人を助け、幸せにして、真理に近づいていってほしいのです。

シッダーマスターは真理を悟り、そこからの言葉はあなたを変容させる力があります。

シッダーマスターのまなざしで、心が溶けます。

シャクティパットで、カルマが浄化され、変容します。その存在そのものから放たれるアヌグラハの恩寵で、変容するのです。

気づくことで、問題から離れることができる

あなたは、智恵から学び、「ああそうなんだ」と安心します。

たとえば、病気は悪いものだと思っていたら、これは治るためのプロセスですよ、と学んだのです。

しかし、ただ言葉を暗記して、そうなる芝居をするのでは、それは洗脳になります。そのことに気づくことで、その問題から離れるのです。

純粋な、悟りのマスターの言葉は、サットヴァのエネルギーであり、暗闇から脱出させる力があります。しかし、まだ悟っていないところからの知識の言葉、エゴの言葉は洗脳するのです。

解脱《げだつ》のマスターにつながるアヌグラハの恩寵は、心を解放してくれます。

また、ヒマラヤ秘教のアヌグラハクリヤの修行などを実践することで、心を浄化して純粋になり、すべての苦しみが取れるのです。

そうして智恵により、気づくのです。

悟りのマスターの言葉は、エネルギーもそこに満ちているので、心の暗闇を溶かすのです。

マスターとの直接の出会い（ダルシャン）で悟りの波動をいただくことは、祝福です。悟りのマスターの存在そのものからの波動で癒《いや》され、進化します。そしてマントラをいただくのです。秘法をいただくのです。そうして、あなたは悟りを目指します。

本書を読み進んでいるあなたは、きっと、いろいろな誤解が解け、そして不満が溶けていることでしょう。

シッダーマスターの言葉は、心をオープンにして、悩みを取り除く力があります。あなたの悟りへの道しるべでもあるこの本は、まさに智恵の光なのです。

体験談⑤気にしない、悩まない――ないない尽くしで上手くいく

出会ったその日に入門してヒマラヤ瞑想を始めたのですが、痛くてしょうがなかった首や肩の痛みが、毎日の瞑想で少しずつやわらいでいき、嘘のように消えてしまいました。心を整えると肉体も整うことを実際に体験して、ヒマラヤ瞑想の効果にただ驚嘆《きょうたん》するばかりです。

私は昔から、とても神経質で心配性、そしていろいろ考えすぎる性格だったのですが、それらの心の癖が不要だと気づき、自然に手放していけるようになりました。

仕事も完璧主義で、自己中心的なやり方を、なんの疑問も持たずにつづけてきましたが、それだと心と体を激しく消耗《しょうもう》することがわかり、やり方を改めました。

だらしない人やミスの多い人を責めても、改善するどころか、相手から反発されてイライラするし、「もう任せておけない」と自分でやれば、仕事が増えることになるので、疲れるしストレスも溜《た》まります。

瞑想を始める前は思ってもみなかったことですが、まわりの人を信頼して、無心で仕事をしたほうが上手《うま》くいくのですね。

不安から、あれこれ口出しするよりも、信頼して委《ゆだ》ねるほうが、お互いにリラックスした状態で仕事ができるし、そうなると職場の雰囲気も良くなり、ミスも少なくなってきました。

でも最初は、素直に他人を信頼することがなかなかできず、まさか自分がこんなに頑固な人間だったとは思ってもみませんでしたが、ヒマラヤ瞑想が私の石頭《いしあたま》を、まるでスポンジのようにフワフワにしてくれました。

何か問題が起きても、必要なことだから起きていると思うと、自分からアレコレしなくても、自然に解決してしまうようになりました。

ヨグマタジがおっしゃるように、自分が変わると現実も変わるというのは、本当なのですね。

瞑想も、修行を重ねるごとに、着実に深まってきています。

今では瞑想が終わると、まるで別の世界から戻ってきたような感覚があり、自分の体とそのまわりの空間が、フワッとしたきれいなエネルギーに満ちているのが、少しの間だけ感じられます。

ヒマラヤ瞑想の実践で特筆すべきことは、カルマの浄化で起きるさまざまな体験です。

体の一部が猛烈《もうれつ》に痛くなったり、とんでもないだるさや、何日もつづく発熱、怒りの大爆発などの、自分自身に起きるものから、会社で素行の悪い人物が突然退職したり、いきなり売り上げが上がるなどの、理解不能な現象の数々。

一般的に悪いと思うような出来事も、過ぎ去ってみれば確かに浄化であったことがわかります。

なぜなら、私の考え方や意識の状態が明らかに変容しているからです。


気にしない、悩まない、考えない、焦《あせ》らない、怒らない、ないない尽くしのオンパレードで心が静まり、空っぽのスペースが広がってきました。

それに伴い、自分が悪いカルマを積みそうになると、それに気づくようになりました。

静かな部屋で突然物音がすれば、すぐに気づくのと同じことで、ヒマラヤ瞑想で自分が浄まってくると、自分の悪い行為にすごく敏感になります。


まあとにかく、私の人生で一度も体験したことがない出来事が次々と起こるのは、奇跡というよりほかはありません。

もう今では、悟りへの道を歩むことが人生の目的となり、私の生き甲斐《がい》でもあります。これ以上に楽しく、嬉しく、面白い生き方は考えられません。

ヨグマタジが、最高の人生を私にプレゼントしてくださいました。

ヨグマタジ、ありがとうございます。

（東京都　四〇代　男性／会社員）

第9章　真の幸福を得る生き方

幸福を求めながら不幸になるわけ

幸福になりたいとか、幸せになりたいとか、多くの人がよく口にします。

幸福、幸せとは、どういうことでしょうか。

一般的にいわれる幸福とは、家族がみんな健康で、お金もあって、みんな仲良く、いい仕事をして、といったことだと思います。

しかし実際には、今はそうではなくて満足していないので、幸福になりたい、あるいは今よりもっと幸福になりたい、という人が多いようです。

多くの人が、生活を維持するため、豊かになっていくため、忙しい毎日を送っています。物があれば幸せだと思って、どんどん物を買って、お金がないと困っている人もいます。欲しいものが買えないから、自分は不幸なのだと思っている人もいます。

健康でいたいと思っていても、不健康になっている人がたくさんいます。

そんな人のなかには、食べすぎたり、疲れすぎたりしている人がいます。それは、正しい食べ方、正しい体の扱い方を知らないからです。

そうした人たちは、この世界を創りあげた創造の源《みなもと》、見えない存在の力につながっていないため、この社会のなかだけで幸せになろうとしているのです。見えない世界がどう人間に作用しているか、わかっていないからです。

目に見えるものをみんなで奪い合っているため、どんどんエネルギーが消耗《しょうもう》し、なくなってしまっています。

そしてそこに怒りや心配、不安が生まれ、それらが塊《かたまり》になり、心身が濁《にご》って、さらに智恵もなくなり、健康もなくなり、そして愛もなくなってしまうのです。

人類はいろいろと外のものを研究し、便利なものを作り出してきました。

そうしたなかで、みんなが自分の外側だけ良くしよう、と奔走《ほんそう》しているのですが、それは結果的に、奪い合いという行為をしていることなのです。

みんなが目に見える世界だけで、あれこれ動き回り、あくせく行動しています。

一生懸命に勉強をして、能力開発をして、がんばっても、本来の自分を愛したり、尊敬することはしていません。

たとえ恵まれた環境で育って、良いカルマを持っていても、やはり競争社会のなかでは、まわりが敵になってしまうので、愛をシェアするとか、良い人格になるといったことを学んでいないのです。

限られたことをよく知っているにすぎない、といってもよいでしょう。

そして、体の具合が悪くなったら、お医者さんに任せたりしています。

本当の自分は、体も心も病まず、無限の力があることを理解していないのです。

そうしてどんどんエネルギーを消耗して、夜寝るだけでは間に合いません。目に見えない世界の創造の源とつながって、もっとエネルギーを充電し、蓄積して、エネルギーに満ちていくようにする必要があるのです。

そしてエネルギーを消耗する心と体について理解して、それを浄《きよ》めていくのがよいのです。

その目に見えない世界には、こうして現象として形になる前のプロセスがあり、究極の無限の存在の世界があります。それは神です。そこからのパワーが現れ、いろいろな力の存在、神々や仏さまが生まれました。

その現れが観音さまです。その無限の存在からの教えがヒマラヤ秘教の教えでもあるのです。そういう聖なる存在、それが真理です。

マントラや瞑想などの力によって、無限の存在から無限の愛と、無限のパワーと、無限の智恵を引き出していくのです。

大切なことは、その存在を信じることです。見えない存在、創造の源を信じます。神や仏を信じます。

それがピンと来ない方は、それと同じである「本当の自分」を信頼します。それは神であり、それを伝えるのがマスターなのです。

信じることは、創造の源からのパワーを引き出していくことです。私たちは、その本源から生まれてきて、そこに還《かえ》っていきます。

それを深く信頼して、良いエネルギーを自分のなかに蓄積していきます。

それと同時に、悪いエネルギー、混乱しているエネルギーを整理整頓《せいとん》していき、浄化していくのです。

そうすれば、無限の存在から、よりパワーを引き出していくことができます。

それは、表面的な生き方でなく、真理に向かう生き方です。気づきと真の幸せを得る生き方です。

ヒマラヤ秘教は、その真理への道を伝える実践の教えなのです。

立派なことを「やらなければならない」という思い

善行を行うことは修行のひとつ、ということを前に述べましたが、目に見えない世界につながらずに、マインドで物事を行うと、立派なことを「やらなければならない」というふうに思ってしまうものです。

そうしたマインドの愛では、どうしても疲れてしまいます。病気にもつながってしまいます。

ボランティア活動にしても、見返りが欲しいからとか、ほめてもらいたいといった思いで、「いい人」として振る舞っている人が、けっこういるのではないでしょうか。

内面に恐れがあって、いいことをやろうと思うと、どこか無理があって、人目を気にしたり、消耗したりするものです。

そして病気になって、回復しない、という人の例をしばしば聞いています。

また信仰でも、いろいろな日常のことを、「いい人でありたい」とマインドのパワーで一生懸命頑張ってやっていると、心が疲れ、枯れはててしまうのです。

人にエネルギーを与え、施術して病気を治すというヒーラーも、みんなの毒を受けて、心身のバランスを崩してしまい、病気になったり、早く亡くなったりしてしまう人がいるようです。

高次元につながる方法がわからず、マインドにつながっているので、ヒーラーであっても自分では癒《いや》すことができず、毒素を蓄積してしまうのです。

私の場合は、マントラをもらう人は、みな良くなったといってきています。

ヒマラヤ秘教は、あなたに神とつながり、真理を知っていき、体と心と付き合う方法を伝えます。どうしたら幸せになれるのかを伝えています。

聖者は、心のからくり、体のからくり、そしてさらには、苦しみを取り除く方法を知っています。

その高次元のエネルギーによって、心身が変容し、愛の人に生まれ変わります。

その絆《きずな》を深めるマントラをいただきます。すると、その方々はどんどん楽になり、良くなっていきます。その喜びの声が、毎日届いています。

世のなかが変わっていくために必要なこと

世のなかが変わっていくためには、見えない世界からの愛と智恵をいただくことです。

しかし、みんな、ものを集めたり、豊かになったりすることに熱心です。もちろん世のなかで、そういうふうに物資を集めたり、経済を発達させたりすることは、みんなが快適に進化して生きるのに必要ともいえます。

しかし、必要以上にそのことに邁進《まいしん》しても、幸福にはつながりません。そして世のなかの不安は増してしまいます。必ずストレスが生まれるのです。

人には、失うことに対する不安と恐れがあります。そして常に変化するなかで、心が揺れます。生きることを楽しみながら、手に入れたものを物質的にエンジョイはするけれど、執着しないで、手放すこともできる、そういう姿勢があなたを幸せに導いてくれるのです。

智恵ある、バランスの整った社会をつくっていく

もっと愛をはぐくみます。そうしたことが、地球を汚さないことにつながると思うのです。見えない世界からの智恵をいただくと、便利で役立つものが次々と生まれていきます。そうして智恵ある、バランスの整った社会がつくられていきます。

今はあまりにもエゴが肥大して、不安のほうに傾きすぎています。そして混乱しています。

誰もが見えない世界から、神からの無限の愛と智恵をいただくという意識になったら、世のな

かが変わってくるのです。

それをいただくのには、その存在を信じることです。助けることです。愛をもって与えることです。そして希望をもって、悟りの道に向かうのです。


世のなかを構成している皆さんの心には、平和と安らぎが大切です。

その心というのは、変化してやまないだけでなく、なんらかの色がついているものです。

たとえば自分は駄目だと心に思っているような人がいます。そういう人は、その否定的な心が、まわりの人に伝わります。

そう思い込むほうが楽なのかもしれませんし、あるいは自己防衛のためなのかもしれませんが、いずれにせよ、そうした人は、他人から信用されないようになってしまいます。

またその反対に自信過剰《かじょう》でも、うっとうしいものを出している人になってしまいます。

根拠のない自信、それも自己の防衛です。もっとも、自信過剰のタイプが好きという人もいるようです。それは、好みです。

弱い人は強そうな人に依存して、安心するような面があります。それぞれのカルマで引き合うのです。

慈愛をもって、その真ん中にいて行動するようになると、人間関係はうまくいくのだと思います。本質につながり、中心の力を強めることによって、バランスのいい人間になることができるのです。

善人ぶる人は偽善者のようだとか、いい人ぶるのは押しつけがましいとか、いろいろ文句をいう人がいます。また悪ぶる人は本当は嘘がなくて好き、という人もいるものです。おとなしすぎて面白みがない人より、ちょっとアクが強い男くさいほうがいい、という人もいるのです。

それこそカルマの縁なのです。蓼食《たで》う虫も好き好きといいますが、それぞれの人が、類は友を呼ぶのです。

生きるなかでの自己防衛の結果によってできたそれぞれの個性ですが、度が過ぎるとバランスが取れなくなって、苦しみを呼ぶことになります。

カルマの法則や、人間関係の仕組みも理解します。そしてできるだけ浄めていきます。純粋になって、慈愛をもって生きていくとよいのです。

皆さんが慈愛の生き方をすれば、世のなかが平和になっていくのです。

なぜ本質を見抜けないのか

世のなかの人間関係で、しばしば見られるのが、嘘を信じて騙《だま》されることです。

それは欲の心と、利己的なエゴの心のせいです。エゴの心がエゴのものをつかむのです。マインドが損得で見るため、そういう結果になってしまうのだと思います。

純粋な心ならば、嘘であることがわかるはずです。

また、誰かに依頼するときに、純粋な心でお願いすれば、その人は動いてくれますが、そこにエゴの心が入ってしまうと、命令的になったり、責める心であったりして、何か良くないものがくっついてしまうわけです。

自分の欲望で相手に期待しすぎてしまうと、その相手は負担に感じたりします。

自分が純粋な心で頼んだりすると、うまくいくのですが、たくらみのようなものが見え隠れすると、相手は素直になりません。

その人の表面的なものでジャッジしたり、この人、どうなのかなと不安に思ったり、この人はこういう人だと決めつけたりする場合も、うまくいかないものです。

その人の純粋な魂、その人の本質を見て、行動をすると、スムーズに進むのです。

これは人間関係だけでなく、ビジネスの交渉にも通じることです。


人に何かお願いをするときは、その人に全面的に愛を送らないと、うまくいかない、とある人が体験を話していました。

頼むときに、無理に強く言うのはよくありません。人は、相手の言動にすごく敏感です。魂胆《こんたん》があったら、たいていその本音《ほんね》を見抜かれてしまいます。

相手の人の表面に表れているものが、悪そうだとか、変だなどとジャッジするのも、良くありません。

また、この人は自分には合わないといった苦手意識を持ってやったら、うまくいきません。

自然な態度で、あるがままを受け入れることです。

その人の本質はいい人なんだ、本当に神の子で、素晴らしい人なんだと思うことです。常に信頼を持って、対面することです。

そして、相手の幸せを祈る、という純粋な気持ちでいることが大切です。

あなたからいい波動が放たれると、相手が変わる

もちろんビジネスでは、信用できそうな人を探して、取引をします。それが、間違いがないというか、いちばん着実です。

でも、私は騙《だま》されることが多い、と嘆《なげ》いている人の場合は、いい勉強をしたと思って、それを卒業していくことが大切です。

十人が十人悪いということはなかったはずです。世のなかには、いい人が多いものです。

ですから、自分が良いものを出していけば、必ず周囲が変わるのではないでしょうか。

まあ、まれに悪い人がいます。自分で良いエネルギーを発して、最初からいい人につながるほうが、苦労はありません。

私のところに相談にやってくる人のなかには、まさに人生に疲れ切ったという人も少なくありません。また他のところに相談に行っても、結局、無駄足を踏んだので、最後の駆け込み寺にという、必死の思いでやってくる人もけっこういます。

お釈迦さまは真理への道を、苦しみを滅《めっ》する道として紹介しました。その影響からか、サマディマスターはすべてをクリアにしてくれると思っているらしいところもあります。

そうした人たちは、本人はそんなに自覚がないのかもしれませんが、なんとなく、重いという感じの姿と表現できるでしょう。そのエネルギーの状態は消耗して乏《とぼ》しかったり、バランスがすっかり崩れていたりしているのです。

ですから、なにはともあれ、そのエネルギーを少しでも良くしてあげないと、手遅れになったり、先に進めなかったりします。

そこで、シッダーディクシャでエネルギーを伝授すると、驚くことに、その一回のディクシャで、たちまち良くなってしまい、こんなに早くよくなると、学ぶ機会を逃してしまうのではないかとか、もっと時間がかかっても、時間をかけて苦しみを見たほうがいいのではないかと、思うこともあります。

でも私自身にそのパワーがあるので、会っただけでそうしたことが起きてしまうのです。修行をして究極のサマディに達したマスターを通して、アヌグラハという神の恩寵《おんちょう》が働くのです。そして一回のディクシャの出会いで、いちじるしく変わってしまうわけです。

ディクシャの出会いはヒマラヤの叡智《えいち》で、本来は苦しみを取るには何生《なんしょう》もかかることを知っていただきたいと思います。

そして、早くよくなって、自分のことだけで手いっぱいでなく、人を助け、世の中のためになる生き方をしていってほしいと願っています。いただいている心と体がいかに素晴らしいか、それを十分に生かして、みんなを幸せにするとさらにどんどん磨《みが》かれるということを実感していただきたいのです。

高次元のエネルギーで良くなる

人は、人間関係に悩んだり、仕事に悩んだり、自分の才能のなさに悩んだり、病気に悩んだり、死を恐れたり、幸福が失われる不安におののいたり、愛する人を失う不安におののいたりしています。

それは、誰もが真理を知らないからです。

真理から遠く離れて、心が働き、無知と混乱のなかにいる人は、身の置きどころがないくらい苦しんでいるのです。

そのような人でも、シッダーディクシャを受けると、「今まで、なんで苦しんでいたのだろう」と、けろりとしたりします。

シッダーディクシャで苦しみが溶《と》けてしまうと、すっかり生まれ変わったようになります。

すると、自分はもともと良かったように思ってしまったりします。座っていて祝福を受けるため、なんの苦しみもないので、そのように思い込んでしまうのです。

また、何かの苦行《くぎょう》をしたというわけではないので、穏やかなエネルギーで、パッと良くなるのです。

ある人の場合、夫を恨んでいて、私のところに相談にやってきたのに、ディクシャを受けて家に帰ったら、夫の態度がすっかり変わり、いい感じになっていたそうです。

ディクシャには、人を変える、それくらい大きな効力があるのです。

アヌグラハは神の恩寵です。それを引き出せるのは、究極のサマディに達し、体がサットヴァ（純性）に変容したシッダーマスターがいるからなのです。

あなたの変容が最速で起きるのです。多くの人の生き方はカルマに翻弄《ほんろう》されています。シッダーマスターのディクシャは、そのカルマを浄化することができ、神のエネルギーのレベルに引き上げるべく、つなげてあげることができるのです。そこから運命が変わるのです。

そこにつながって修行するので、常に良いエネルギーがあなたを守り、安心をいただくことができるのです。

これまでは自分の価値観にとらわれ、相手をジャッジし、嫉妬《しっと》し、怒り苦しむ心に翻弄されていたのです。

これからは太陽のように生きます。捧げます。奉仕します。布施《ふせ》をします。みんなを助けます。

あなたが持っているものは、やがてここに置いていくものなのです。反省をします。そして、真理の教えに出会ったことに感謝します。

ディクシャを受けたら、自殺したい気持ちがすっかりなくなった、といってきた人もいます。

その人によると、

「死にたい、死にたいという強い思いが、ずうっとあって、それを人前では隠していたのだけど、ディクシャを授かったら、そんな気持ちが、どっかに吹っ飛んじゃった」

とのことでした。

私は著書『心を空っぽにすれば夢が叶う』（二〇〇八年刊）などで、自殺をすることは断じていけないと述べてまいりました。

日本で自殺は社会問題となり、みんなが頭をかかえていたのですが、その自殺者が激減したという報道がありました。

一時は一年間の自殺者が、三万四千人ほどに達していたのが、三分の二くらいに減ったのです。

近年、波動的に変わってきたことを実感しています。

私の本も、少しはお役に立っているならば幸いです。

自殺は、魂に大きな傷を残すことになる

経済的な問題や健康上の問題などで、逃げ場がなくて自殺をするのですが、自殺は生きていくという自然の力を無視して、カルマを自分から断《た》ってしまう行為です。

自殺は、心の間違った判断やエゴのために、断ち切ってしまう行為です。

学びのために与えていただいた、せっかくの生《せい》を全《まっと》うしないことは、とても良くないことです。

それは、その人の魂に大きな傷を残すことになります。

そして、その人につながる先祖の魂にも、傷をつけます。

自分が再び生まれ変わるための進化に影を落とし、痛みや苦しみとなります。

それだけでなく、自分の先祖にも影響を及ぼしてしまいます。

家族や友人が苦しみます。自殺者の家族が自殺するというケースが、往々にしてあります。親や子や兄弟姉妹が自殺をして、苦しまない家族はいないでしょう。

神はどこにでもいます。そして自分のなかにもいます。それを知ることが「本当の自分」を知っていく探求の旅でもあるのです。

あなたは、その真理の探求をしていきます。体と心をどう扱ったらよいのか、世界とどう関わったらよいのか、そうした生き方を学んでいくのです。そして、すべてとの調和を図《はか》るのです。

本当は、まっしぐらに悟りに向かうことができればよいのですが、人は社会で生きて、さまざ

まな関わりのなかで生きています。そのため、そこで起きる、人間関係のいろいろな問題と向き合うことになります。

人は、両親からのエネルギーを受けて、性格が形成されます。それは家族関係や人間関係に影響していきます。

現在の人間関係の問題も、子どものときにその原因があるかもしれません。そこを見つめていくことが大事です。

正しい生き方を示した八つの道、八正道

すべての関係において大切なことは、繰り返し述べてまいりましたように、愛であり、慈愛です。

ところが多くの人は、すべてを自分の価値観で見ていますから、愛が大切だと聞いても、ピンとこないのです。

まず神を信じることで愛をはぐくんでいくとか、まず愛を出すことで愛をはぐくんでいくといったことを実践しないと、わかりません。

とはいえ、そのことが理屈《りくつ》でわかっても、理屈と実践とは別物です。たやすく実践はできないのが現実です。

というのは、そこに恐れや不安があるからです。

インドでは神を信じ、マスターを信じます。それは愛することなのです。大切なことは、無償の愛を捧げることです。そうして人のなかに神を見て、慈愛を捧げます。そこに学びがあるのです。

そうしたことを実践します。マントラの修行をしたり、瞑想を行ったりすることで、恐れや不安のほうに行かないようになります。

愛は心の奥深くにあります。体を浄め、心を浄め、純粋にしていくことで、そうした愛に目覚めていきます。

それは悟りへの道です。意識を進化させるのです。奪う愛は動物的な心です。そして人間の心は、与えたら返してもらう関係、ギブ・アンド・テイクです。

天使の心、神聖な心は無償の愛です。その進化をするのが悟りへの道です。

悟りに至るため、本当の自分に出会うためには、まず心身を純粋にしていくこと、汚さないようにバランスを取ることが大切です。ブッダは「八正道《はっしょうどう》」として、そのガイドをしました。

1 正見《しょうけん》　正しく見る
2 正思《しょうし》　正しく思う
3 正語《しょうご》　正しい言葉を言う

４　正業《しょうごう》　　正しく行動する
５　正命《しょうみょう》　正しく生活をする
６　正精進《しょうしょうじん》　正しく努力する
７　正念《しょうねん》　正しく念ずる
８　正定《しょうじょう》　正しく瞑想をする

このように正しいバランスの取れた生き方をしていくのです。そして調和の関係にします。八正道は、正しく見るとか、正しく思うとか、正しい生活をするとか、正しい行動をするなどして、正しい心になっていく道を示しています。

そうやって心を整え、生活も整理整頓をして、不安を超えていくようにするのです。八正道の、「正しい」は、「適正な」あるいは「中正の」という意味で、「バランスが取れた」とか「偏《かたよ》りのない」ということです。

したがって八正道とは、本質につながり、中心の力を強めることによって、バランスのいい人間になれる、正しい生き方を示した、八つの道といえるのです。

自分と内・外の関係を慈愛の関係にしていく

さらに私たち人間は、相手のことを正しく理解したり、思いやりの心を持ったりすることが大切です。

慈《いつく》しみの愛を与えることで癒《いや》されていきます。

自分と外との関係を、慈愛の関係にしていきます。

自分と体との関係も、慈愛の関係にしていきます。

常に感謝を持ち、何事も学びと受け取り、調和を図っていきます。

マインドが偏ると、あれこれとらわれたり、気にしたり、過不足が出てきたり、カルマに翻弄されたりして、不調和が生じます。そうして腰が痛いとか、体が疲れやすいといった症状が出てきます。

そこで、体に感謝するとか、コンプレックスをなくすとか、体の調和を図る、といったことなどを学んでいくのが、悟りへの道なのです。

私は若いころ体のことを徹底的に研究したので、体を整える技をいろいろ持っています。しかし、愛が何よりもの癒しになるのです。

自分を愛します。神の愛があなたを癒すのです。そのことに気づくことが大切です。

まずあなたのほうから神を愛します。神を信じ、自分を信じ、愛します。そして体を愛し、心を愛し、ストレスをため込まないように正しく使っていくのです。

調和の取れた体の使い方、食べ方を行います。すべてに感謝します。そして正しい生活をしていくのです。

体には過去生からのカルマが積まれています。そのカルマが浄化するように、体を使っていくのです。

それには良い行為をするとともに、気づきが必要なのです。そして、カルマは自分ではなく、自分に属するものであることを知ることが大切なのです。

欲を手放し、慈愛をはぐくむ

心の使い方について大切なことは、慈愛の心をはぐくむことです。神を愛し、マスターを愛します。自分を愛します。

人には、欲しがり、執着する欲の心があります。また、怒ったり恨んだりして、発散するような感情があります。

そういう心や感情に気づいて、手放していきます。

しっかり集中できない人がいます。心が寂しかったり、悔《くや》しかったりすると、集中できないものです。

飽《あ》きっぽい人もいます。心があれこれ動いて、勉強していても漫画を読み出すというような、悪い癖が身についてしまっているのです。

そういう人が集中できるようにするためには、心にはいろいろなレベルがある、ということを理解することが大切です。

そして、人に喜んでもらうことや、一生懸命やることや、感謝することの大切さなどを学びます。

信仰するということは、観音さまをはじめとする仏さまや神さまは、偉大なパワーがある存在であり、人智を超えた存在であるということを、信じて疑わないということです。

そのような信仰を持つには、無欲になり、純粋になる必要があります。

そして積極的に善《よ》いことをしていきます。

悪いことを思わない、人の悪口を言わない、否定的なことを言わない、嘘を言わない、というふうに、自分の心と体を正しく使っていきます。

観ていることで、バランスが取れていく

体のどこかが歪《ゆが》んでいると、そこが痛んだりしますが、瞑想のなかで、それを観《み》ていることで、自然に整ってきます。

体のある部分に意識を向けて、内側のでこぼこがまったくなくなり、平和になってくると、体も整うのです。

呼吸を見つめることも、安らぎ、平静になるうえで、大きな役割を果たしてくれます。

そのことによって、体の右のエネルギーと左のエネルギーが、どちらも活性化してきます。

このように、「観ること」「見ること」や、深いところにあるエネルギーによって、体のいろいろな歪みが吸収され、バランスが取れ、やがてすべてが整うと、ワンネスに導かれるのです。ワンネスは、呼吸もなくなり、体の機能も次第に静かになって、究極の存在と一体になり、本当の自分と一体になり、それになりきった状態のことをいいます。

観ることを行うには、ドラスタバワのディクシャ（瞑想秘法伝授）をいただくとよいでしょう。それは浄化と悟りのためのアウェアネスの瞑想です。

まず体と心を浄化するためのワークを行います。クリヤディクシャなども行ったほうがよいでしょう。プラーナで火のエネルギーを起こして、カルマを焼いていきます。最速で心が浄化されて変容し、空っぽの心になっていきます。

そうして内側が充分に覚醒《かくせい》してきたら、ドラスタバワを受けます。すると純粋意識が進化していきます。

信頼が本質の自分との出会いをもたらす

心や体が正しく使われていないことによって、心自体が恐怖を持つことがあります。

また、小さいときに悔しい思いをしたとか、誰かにいじめられたりしたといった体験があると、そういうことを思い出しますから、人を信じないようになります。

幼少時の体験で、親への恨みといったものがあると、それを目上の人に投影してしまったりするものです。

ですから、その人がもっと自由な人になっていくためには、そういう記憶を浄化していく必要があります。

私のところでは、そのために、過去のカルマを理解して見直していくということを行っています。子どものときの体験を正しく理解し、愛に変えていくのです。

そして、本質の自分を思い出します。

信頼することで、アヌグラハの祝福を受けます。

すると内側が浄化され、本質のクオリティが自分のなかに満ちてきます。そして自分を大きく変えることができます。すべては、自分が気づくためにあるのです。

気づくことができると、すべてのことを学びであると受け止め、「ありがとうございます」と感謝するように変わっていきます。

体験談⑥幼児教育へのこだわりを捨て、愛が溢れてきた

私には、二人の息子がいます。子育てにおいて、ヨグマタジと出会う前の私は、競争社会で生き残るためには、賢くなって、能力を身につけなければいけないという夫の考えに同調していました。

夫と出会う前の私は、スピリチュアルな世界を信じて、母と一緒に、お墓参りに行ったり、仏壇に手を合わせたりしていました。それが、夫に勧められた本がきっかけで、今の、科学が進歩した時代に、私はなんて時代遅れな、古臭《ふるくさ》い考えをしていたのだろうと、考えるようになりました。

子どもたちにも、「神さまはいない。死んだら終わり。天国も地獄もない。困っても、だれも助けてくれないから、自分が賢くなって、強く生きていくしかない」というようになりました。

長男が二歳を過ぎたころから、幼児教育に興味を持ち始め、絵本の読み聞かせや、右脳《うのう》教育のプリント、英語にピアノと、情報を得ては、あれこれと試すようになりました。

長男は、課題を次々とこなしていってくれましたが、夜寝ているときに、寝言《ねごと》でうなされたり、歯ぎしりをしたりするようになりました。

私の顔色をうかがったり、失敗を極端に恐れたりする様子も気にはなっていましたが、どうすることもできませんでした。

次男の教育も始まると、二人の習い事の送迎や宿題に追われるようになりました。まわりとの競争心や見栄《みえ》、やめることへの不安などで、心身ともに余裕がなくなっていきました。

長男が、小学三年生のときにヨグマタジに出会って、自分が子どもたちにしてきたことは、自分のエゴだったと気づきました。

一回目の合宿では、子どもたちへの懺悔《ざんげ》の気持ちでいっぱいで、涙が溢れ出てきて、止まりませんでした。

また、自分自身においても、子どものころからずっと疑問に思っていた、スピリチュアルな世界が、本当にあることがわかって、救われました。

最初のディクシャをいただいたときは、これからは、ヨグマタジとつながって、お守りいただけるという安心感、愛されているという喜びで、すぐに幸せな気持ちになることができました。

それまでは、私自身も一生懸命、自分の力で努力して、生きていかなければならないという恐怖と不安で、いつしか笑うことも忘れていました。

子どもに愛を出せば、自分が干《ひ》からびてしまうと、子どもに愛を出す余裕も、なくなっていました。

ディクシャのときに、胸の奥のほうから、愛が溢れ出てくる感覚があって、愛を出しても枯れることはなく、溢れてくるのだと実感させていただきました。

子どもへの教育は、送迎がたいへんだった英語教室をやめて、自宅で工夫して学習をつづけています。

以前のような、自分のエゴで子どもを賢くしたいという思いはなくなり、子どもの能力をサポートする気持ちで、毎日、少しだけ、家庭学習をつづけています。

私は以前、人間も、毎日、食べて寝るだけだから、動物と変わらないと考えていました。どうせ、死んだら終わりなのだから、自分の興味を持ったことにこだわればいいと考えて、健康にこだわり、自然食にこだわり、子どもの教育にこだわり、遊ぶことにこだわっていました。人生を無駄にしないようにと、一生懸命いろいろなことにこだわって、毎日を過ごしているうちに、しだいに心身ともにボロボロになっていました。

ヨグマタジと出会って、こだわることで苦しみが生まれていること、がんばらなくても生かされていること、感謝が大切なこと、真理の道があることなど、多くのことを学ばせていただきました。

毎日の瞑想で、内側のお掃除をさせていただき、プログラムに参加させていただくたびに一気に浄化をいただき、過去や未来を思い煩《わずら》うことがなくなりました。

健康法にもあれこれこだわって、よけいに具合が悪くなっていましたが、ヨグマタジのご指導のもとで、身体も健康になることができました。

それまでは、あれこれ、他人におせっかいをしても、自分が消耗するだけだから、他人に関わりたくないと考えるようになっていました。

動物として、子どもを育てることだけで、ほかに生きる目的が見つかりませんでした。ヨグマタジと出会って、本当の自分に出会いたい、生きる意味を知りたい、という生きる目的ができました。

無心で善行することで、人と関わり、愛を出していくことの大切さを学びました。こだわりを捨てて、近所の老健施設で、気楽に働くことができるようになりました。

人間関係においても、いろいろな人の考え方や、やり方の違いも、気にならなくなりました。


その人のレベルに応じて、手取り足取り、修行を用意してくださっていることを思うにつけても、ヨグマタジの存在は、奇跡であると実感しています。

世界の平和のためにも、宇宙のためにも、自分自身のためにも、家族のためにも、ヨグマタジは、希望そのものです。

私に、生きる希望を与えてくださったヨグマタジに、感謝。


（岡山県　四〇代　女性／介護職）

第10章　新しい生き方が始まる

ヒマラヤ秘教の本当の尊さ

「創造の源《みなもと》の自分」に達していくということが、悟りへの道です。

ヒマラヤ秘教の本当の尊さというのは、変容をして、実際に真理を体験する教えと実践があるということです。世界中どこにもない、そうした階梯《かいてい》があるということです。

それは、変化しない永遠の存在に還《かえ》っていくということです。それはまた、自己の魂《たましい》と一体になることです。

そういう実践の教えと、マスターの恩恵を受けて、内側をきれいにし、外側もきれいにして、最高の人間になっていくことができます。

ヒマラヤ聖者たちは、五千年とも一万年ともいわれる昔から、冬は極寒《ごっかん》となるヒマラヤの地で、真理を追究し、修行を積んできました。

そして、広大な宇宙を探索しました。その宇宙の素材全部が体にはあります。その体という小宇宙を究明することで、宇宙を知っていったのです。

私もヒマラヤ聖者となりました。ヒマラヤにて究極のサマディに入り、小宇宙を探求し、真理を体験しました。

そして人間のなかに真の幸福があると確信したのです。

今この日本で、真の悟りへの道を学ぶことができるように、私はヒマラヤの恩恵を持ち帰ったのです。それは私のマスターであるハリババジの命《めい》によるのです。そのために私からの愛とパワーと智恵をシェアしています。

あなたは楽に、安全に、さらに最速で、この道を進むことができるのです。

人はその小宇宙に、さまざまなカルマを積んでいます。

私はディクシャを伝授しています。それで創造の源、つまり神への絆《きずな》をつくり、信頼で秘法や祝福をいただくと、本当の自分、源への旅を安心してつづけられます。

根源に還っていくことで、人は純粋な自分に立ち返り、魂に出会うのです。そして神を知るのです。

修行を重ねていくことによって、不純なものが全部削《そ》ぎ落とされます。そして生まれ変わることができます。

心が自由な人になって、心豊かに人生を生きていくことができます。日常生活のなかで人と接し、気づきながら、愛の人になり、平和な人になるのです。

そのことを実際に体験できる教えと修行法、つまりヒマラヤ秘教の教えを私は伝えています。

マントラの修行と信仰心で、奇跡的な回復をした人

ご家族のひとりがガンで死にそうなので、祈ってほしいといってきた人がいます。末期の状態

ですが、助けてほしいと、わらにもすがる思いで、お願いに来られました。

死期というのは、神さまが決められることです。助からない場合もありますが、私はそれを引き受けました。

命を長らえてほしいとか、病気を治してほしいということではなく、ヒマラヤ聖者に祈ってもらうと、死ぬ間際《まぎわ》に浄化され、聖なるエネルギーにつながって祝福をいただき、安らかに死を迎えることができます。

苦しみの心や病気などの心のエネルギーにつながったまま死んでしまうと、その同じ質のところに落ちてしまいます。

悪いエネルギーに引き寄せられて落ちたところは、いわゆる地獄です。しかし、ヒマラヤ聖者が祈ると、マスターのサットヴァ（純性）のエネルギーとマントラの聖なる波動につながって、天（いわゆる極楽《ごくらく》）に行けるわけです。

心を穏やかにして死ぬのと、苦しみながら死ぬのとでは、死んだ後がまったく違ってきます。

ですから、死を迎える方が、少しでも幸せになればと願っています。

祈ってほしいと依頼してきた人が、しっかり信じることも大切です。

そうした縁が持てなかった人も、シッダーマスターの祈りで、その御霊《みたま》を救うことができます。

先祖の供養《くよう》もできます。

人のＤＮＡのなかには、七代の先祖のカルマがあります。その先祖の波動も、あなたの運命に影響を与えています。また先祖の魂は、心と体が自分であると思い、本当の気づきのないまま亡くなっているので、その心のクオリティのところに行き、苦しんでいるのです。

幸運なことに、究極のサマディをなしたヒマラヤ聖者の祈りの供養は、先祖のカルマを浄め、それによって先祖が天国へと旅立っていくことができるのです。あわせて、その影響を受けている生きている人が幸せになるのです。

前立腺《ぜんりつせん》ガンが全身に広がり、わらにもすがる気持ちで訪ねて来られた方もいました。死ぬ前にマントラを、というものですから、祝福を与え、秘法を伝授いたしました。

彼は、医者にもういくばくもないと言われ、自分でもそれを覚悟していました。しかし、マントラの修行と信仰心で、奇跡的な回復をしたのです。今もダルシャンに来ています。

体にまだ生きようとするカルマがあったときには、このように末期ガンであっても奇跡が起きて、回復します。

そのようなことは、私のところでは日常茶飯事《にちじょうさはんじ》なので、奇跡だとはいわなくなっています。

また病気になっている一般の方も、カルマにつながる生き方ではなく、神聖なマントラの存在につながり、マスターのシッダーディクシャで、永遠の存在との絆をつくることができ、この世界でより楽に生きていくことができるのです。

神さま、仏さまは、至るところにいます。広くあらゆるところに遍在しています。しかし見えないので、それを実感することはできません。

そこで、シヴァやヴィシュヌの神像や、ブッダの像、あるいは聖者のグル像をつくり、目に見える形として、信仰しやすいようにしたのです。

そうしたエネルギーのすべてにつながることができるのが、神に至ったサマディマスターです。

皆さんは、マスターにつながり、さまざまな祈願をすることができるのです。そして真理に向かうことができるのです。

悟りのマスターは、真理、悟りへの架け橋になるのです。祝福を与える存在であり、人を幸せにする存在なのです。

インドでは聖者に出会うことをダルシャンといいます。人は聖者に会うことで祝福をいただき、守りをいただくのです。

もちろん、マスターからのディクシャの拝受により生涯守られ、人々はインドにおいては一生の弟子となり、その霊的な絆は切れることがないのです。

マスターとサマディマスターとの違い

ブッダは亡くなられてからも、アストラルの存在として信仰を集めています（アストラルはスピリットのこと。霊妙で細やかな、心と魂の住処《すみか》のことです）。

イエス・キリストも同じく、生きているときはマスターであって、皆さんに救いの手を差し伸べていましたが、亡くなったら神さまの存在になりました。

そのように、あなたはこうしたら幸せになりますよ、と言葉で説いたりして、実際にガイドしていく、大きな役割を果たしてきたのがマスターなのです。

弘法大師《こうぼうだいし》空海《くうかい》（七七四〜八三五）、親鸞上人《しんらんしょうにん》（一一七三〜一二六二）、道元禅師《どうげんぜんじ》（一二〇〇〜一二五三）、日蓮《にちれん》上人（一二二二〜一二八二）といった祖師《そし》（宗派を開いた人。宗祖）は、日本人の代表的な日本仏教のマスターです。

マスターはみな悟りの道を歩み、人々に真理を説いているわけですが、この場合のマスターは、究極のサマディに達している人という意味ではありません。

究極のサマディに達して、心身を変容し死を超えて真理、神と一体になった存在であるマスターのことは、サマディマスター、シッダーマスターといいます。

生きているシッダーマスターの、その祝福の波動をアヌグラハといいます。神の恩寵《おんちょう》という意味です。

人々はそれを求め、ダルシャンを受け、祝福をいただき、幸せになるのです。信頼を強めることで、大きなアヌグラハの恩寵をいただくのです。

大乗仏教の指導者は、観音さまを深く信じてがんばっていきなさい、とブッダに述べさせています。そして、みんなで助け合っていきましょうと説いています。

多くの人が仏さまを信仰しています。しかし、深く信じて、みんなで助け合っていきましょうといわれても、ガイドがなければ、実際のところ、迷ってしまうことになるでしょう。

ヒマラヤのシッダーマスターにつながると、常にアヌグラハの祝福をいただいて、深く瞑想に入り、神聖な存在のパワーをいただいて、生まれ変わります。

そして充電して、神聖なエネルギーを社会に還元します。

そうして、みんなが幸せになるのです。

悟りへの道にはマスターが不可欠

悟りへの道を歩む際は、マスター（シッダーマスター）が大切です。

そもそも悟りへの道には、本来、ガイドが不可欠なのです。ただ本を読んだだけでは、思い込みになってしまいがちです。

瞑想を、正しい指導者につかずに自分ひとりでやると、潜在意識に、いろいろな今までの体験のカルマがつまっているので、何か変なものが活性化したりします。

自己流に行い、浄《きよ》まっていないので、変なエネルギーを引き寄せてしまいます。それによって、憑依《ひょうい》現象が起きたり、幻覚症状が起きたりすることもあるのです。

禅では、そうした独《ひと》りよがりの、独善的な禅のことを、野狐《やこ》禅、魔禅と呼び、また危険な状態のことを魔境といっています。

本当の瞑想をすることによって、潜在意識までも浄め尽くしていきます。そして自分の源に何があるのか、自分はいったい誰であるのかを悟っていくのです。

「悟る」ということは、「真理、つまりセルフを悟る」ことにほかなりません。

何生《なんしょう》もかけても、シッダーマスターであるヒマラヤ聖者に会えれば幸せです。今その準備として私の本を熟読して、実際の生活に活かしていけば、幸せになることでしょう。

私に直接会い、ヒマラヤ秘教を学べる機会が得られたら、本当に幸せになります。

ヒマラヤ秘教の悟りの実践は、本来とても狭き門です。私はそれをできるだけ安全に、広い門にしていくために、そして大乗的に在家《ざいけ》でも修行できるように、皆さんに信頼と祝福による恩恵を受けていただきたいと願っています。

そして多くの人に、幸福になるための、音の波動のマントラを差し上げようとしているのです。

マスターによる、悟りのエネルギーの祝福

マスター（シッダーマスター）に出会って、マスターを信頼していくと、マスターが悟りへの道を示してくれます。

信頼してお任せをして、その道を歩んでいくと、マスターの悟りのエネルギーをいただけるの

です。

究極のサマディマスターへの信頼で得られるエネルギーを、すでに述べたように、アヌグラハといいます。それはマスターを通した恩寵が起きることであり、限りなく大きいものです。

学校の先生をはじめとして先生というのは、知識を教え、技術を授けることが、その役割だと思いますが、悟りへの道は、マスターから、悟りそのもののエネルギーが伝播《でんぱ》していくものなのです。

マスターを信頼すれば、それによって浄まったりするだけでなく、その言葉、その存在そのものに、曇りを取り除く力、変容する力があるのです。

マスターは、この道を歩くと、あなたはもっと浄まって、身も心もすごく軽くなって、生きるのが楽になりますよ、と祝福を与え、シッダーマントラの秘法をはじめとするシッダー秘法を伝授してくれるのです。

愛と喜びに溢れて、生きていくことができる

慈愛とは、無償の愛のことです。

無償の愛というのは、行為をしたときに、見返りを期待しない愛です。

人の奥深くには無限の愛があります。神からの愛です。その愛がいろいろなものを作り出し、助けるのです。

スーパーコンシャスネスから、無限の愛は生まれます。シヴァのエネルギー、ヴィシュヌのエネルギーは、愛です。

釈迦《しゃか》牟《む》尼《に》仏陀《ぶっだ》は、ヴィシュヌ神の生まれ変わりの九番目に加えられました。

観音さまは、ヴィシュヌ神のアイディアを取り入れ、愛の神の象徴となりました。

シッダーマスターを信頼することによって、さまざまな願いが成就《じょうじゅ》します。

シッダーマスターを信じ、愛し、つながって、悟りへの道を進むと、常に守られ、心が満ち足りて、愛と喜びに溢れて、生きていくことができるのです。

その愛と悟りの道を、すでに述べたように、バクティといいます。

シッダーマスターを信じ、愛をはぐくみます。慈愛が自然に湧《わ》いてきます。

真の幸せを願って、人を助けます。

人を悟りへの道にガイドすることが、最高の親切であり、功徳《くどく》となります。

人はカルマ同士で引き合い、互いに依存しています。真理への導きは依存からの解放です。ですから真理への導きは、最高の功徳になるのです。

深い慈愛が湧いてくると、恐れや不安や心配といったものはありません。

イエス・キリストも、愛を、神の愛として知っていたのです。

真理のマントラは、神の波動です。

神を愛し、マスターを愛し、自分を愛し、まわりの人に慈愛を与えます。

そして、マスターからいただいたマントラの修行をします。修行は苦行ではなく、慈愛をもって行います。祈り、本当の瞑想をするのです。

怒りません。非難しません。相手に感謝します。

慈愛に満ちた、いいエネルギーが出ると、その人の前に来た人は、心の底から安心し、ほどけていきます。

「今にいる」ことができるようになる

人には、いろいろなことをやり遂《と》げられなかったカルマがあって、そのため、あれが欲しい、これが欲しいと願っています。

また、つらかった体験などがあると、否定的な心がつい形となって出てしまいます。

そうした心や感情や、いろいろなことに対する価値観に左右されて、人は引っ張られたり、排《はい》斥《せき》したりして、心のレベルのバランスを取りながら、自分の人生を作り上げているのです。

ヒマラヤ秘教は、こうした心を超える教えであり、修行です。真理に出会っていく教えです。

シッダーマスターにつながり、神と自分を信じていきます。中心のエネルギー、シッダーマスターが究極のサマディで得たサットヴァのエネルギーの祝福で、変容が起きます。

サットヴァのエネルギーで、欲望や不安や心配や恐怖心などが、溶《と》かされていきます。

またシッダーマスターは数々のヒマラヤ秘法を口伝《くでん》で授けます。サレンダーして、信頼することで、ディクシャを通して伝授されます。そのことで、永遠の今にいることができるのです。するとし、心が過去のことを思い出したり、先のことを思い煩《わずら》ったりするようなことがなくなります。

最初に聖なる波動のマントラをいただくと、静けさのなかに入っていきます。シッダーマスターの、悟りの良いエネルギーにつながることで、楽になっていくのです。

そして、気づきにより、「いつまでもエゴのレベルにいるのはおかしい、そんなに悲観的でいるのはおかしい、嘆《なげ》いたり、恨んだり、心配したり、不安に思ったりするのはおかしい。このままでいいのだ」、そのように実感できるようになります。

高次元の愛によって、積み重なったカルマが溶かされ、「今にいる」ことができるようになるのです。

愛に満ちた行動をするパワーが生じてくる

愛の振る舞いをし、慈愛の行動を取るには、パワーが必要です。

パワーを充電するバッテリーを持っていても、すぐ電池切れの状態になってしまいます。

私たちは、けっして枯渇《こかつ》することのない、宇宙のパワーをいただく回路をつくらなければなりません。

宇宙の源から、そういう高次元のエネルギーをいただいたり、本書のような真理の本を読んで理解することで、その無限の回路をつくる意欲が湧くのです。

まず、自分を信じます。そして相手を信じるのです。それはパワーの源に向かうエネルギーです。そしてマントラを拝受するのがベストです。

今までは不安でいっぱいだったのが、「ああ、救いがあるんだ」と思っただけで、心が安らぎ、平和になってくるのです。

宇宙の創造の源には、無限の愛があるのです。そして、自分のなかの根源には愛があるのです。ところが、繰り返し申し上げたように、人は常に心と感覚の働きで、恐れや不安、自己防衛のために、いろいろなものを、欲しい、欲しいと、あくせくしているのです。カルマに翻弄《ほんろう》されているのです。それは本当の自分を知らず、目に見えるものしか信じていないからです。

根源にあなたの意識をつなげ、祈って、シェアすればするほど、浄化が起きてきます。そして限りない愛の心、慈愛の心が湧き、積極的に行動するパワーが起きてくるのです。

私が申し上げているのは、その根源の愛と一体になって、幸せになっていくという生き方です。

私たちは計り知れないほど遠い昔、宇宙から分かれ、ここに送られてきたのです。

しかし、はるか過去から今日に至るまで、欲望のままに無知な生き方をしてきたので、心が曇り、源からのエネルギーを引き出せなくなってしまいました。大きな生命力も、豊かな愛も、引き出せなくなってしまいました。

そのパワーを、再度引き出す導きをするのが、ヒマラヤ聖者です。

多くの人が、自分が神の子であることを、すっかり忘れてしまっています。どこから来たのかを覚えていません。

ですから、大いなる存在、源の存在につながり直して、パワーを引き出すことが大切なのです。

神の力を引き出す信仰心

遠い昔、ヒマラヤ秘教を源流として、ヒンドゥー教が生まれ、お釈迦さまはそれらを学び、それらの修行をされて、仏教をつくりました。

そのお釈迦さま逝去《せいきょ》の後、大乗仏教経典がつくられ、観音経が生まれました。

そこには、観音さまへの強い信仰心の勧めと奇跡が渾々《こんこん》と述べられています。また信仰心の力強さが絶大であることが書かれています。

実践のためには、強い布教活動が必要です。神の力を引き出す信仰心は、自分を信じることでもあります。

ヒマラヤ秘教のヒマラヤ聖者は神につなげ、橋になります。自分を信頼し、マスターを橋として、神の力が得られます。

信じることと、サレンダーすることで、あなたのなかの力が働きます。ヒマラヤ聖者は、神との架け橋になる、純粋な良いクオリティを持っています。

信頼することによって、その力はより強く働きます。

観音さまへの信仰の力も、マスターを橋として、さらに具体的に働くのです。

ヒマラヤ聖者は心が浄まっているマスターであり、悟りのマスターでありますから、その力が、最速で、あなたの力にプラスして働きます。

悟りのマスターからいただく、真理のマントラという神聖な波動は、その修行をすることによって、本当に安らぎ、聖なる存在と一体になっていくものです。さらに、祝福と悟りのための各種シッダー秘法をいただくことができ、最速で内側を変容させていくことができます。

皆さんの今までの生き方は、マインドとのつながりであり、自己防衛の連鎖です。

自分が欲しいものを引き寄せ、危険なものを排除する生き方です。

それはエゴからの判断であり、恐れからの判断であり、競争心からの判断です。愛からの判断ではありません。

もっと愛をはぐくみ、エゴを溶かし、神の心に添った判断をすることが必要です。

自分を信じ、あなたのなかの神聖な宇宙的な愛を信じます。

マスターからマントラをいただくことで、あなたのなかに愛が自然にはぐくまれます。

それは神聖な愛です。観音さまの愛、ヴィシュヌ神の愛、宇宙的な愛です。本当の自分としてのクオリティです。

究極のサマディをなしたヒマラヤ聖者、シッダーマスターは、神は愛であることを実感しています。そのヒマラヤ聖者が、あなたを本当の自分につなげます。

すると、あなたの信頼によって、愛が引き出されていきます。それが慈愛の人になっていく方法なのです。

ここに本当の、新しい生き方がある

マスターから、サマディパワーのシャクティパットで浄めをいただき、内側を目覚めさせます。

マスターから、聖なるマントラをいただきます。本からではありません。

マントラは聖なる船です。そのマントラの修行をすることは、その聖なる船に乗ることです。

そして向こう岸、つまり彼岸《ひがん》という純粋な意識の天国に向かうのです。

向こう岸には、高次元の光のエネルギーが充満しています。本当の愛が満ち溢れています。

そこは、美しく色鮮やかなお花畑であり、光がまばゆいばかりの天国です。

信頼し、愛の実践を行い、さらに捧げ、源に還ってください。すると「本当の自分」に達するのです。

それは悟りへの道です。それは菩薩の生き方です。

この世界にとどまり、悟りを目指しながら、人々を愛で救いつづけることが、観音さまの誓願《せいがん》です。観音菩薩は仏さまを信じて、力をいただいたのです。

その悟りへの道、菩薩の生き方こそ、あなたの新しい生き方にほかなりません。あなたのなかにも、宇宙的愛、慈愛があるのです。それにつながり、それを育むための新しい生き方です。

輝きに満ちた真理の道を歩んでいく

ガイドであるマスターを信頼します。自他を愛し、信じます。神を愛し、信じます。仏や観音さまを尊敬します。

そのことで、あなたの生き方が変わるのです。

あなたがシッダーディクシャを受けることで、本当の自分につながり、無限の愛につながり、無限の愛が目覚め、その道を歩むことができるのです。

神聖な存在のパワーが引き出され、無条件の信頼でサレンダーして、アヌグラハの恩寵を常に受けて充電されます。

そして人々を神につなげます。アヌグラハの恩寵につなげるために、ディクシャにガイドするのです。

すると、そうした聖なるエネルギーが満ちてきます。その聖なるエネルギーを社会に還元していくことが大切です。

そうしてこそ、みんなが幸せになるのです。

輝きに満ちた真理の道を、どうか歩んでいってください。それこそが本当の生き方なのです。

ぜひ、このことを深く理解し、本当の幸福を得て、これからの人生を送っていただきたいと願っております。

＊ヒマラヤ秘教の教えを深く理解するために、多くの人に知られている観音経を通して、人々がいかに生きたらよいかを考えていくことができると思います。そのためにここに、観音経の現代語訳を掲げます。

現代語訳　観音経《かんのんぎょう》

（妙法蓮華経観世音菩薩普門品《みょうほうれんげきょうかんぜおんぼさつふもんぼん》［第二十五《だいにじゅうご》］）

（お釈迦《しゃか》さまが観音経の普門品《ふもんぼん》の、菩薩の働きと功徳《くどく》についてお説《と》きになっているときのことでした）

まさにそのとき、みんなのなかにいた、真理を求めてやまない、無尽意菩薩《むじんにぼさつ》が、席から立ち上がりました。それから右の肩肌を脱《ぬ》いで、恭《うやうや》しく敬意を表して、合掌《がっしょう》をしました。

そしてお釈迦さまに向かって、次のように質問をしたのです。

「世間《せけん》に尊ばれているお方である、釈尊《しゃくそん》よ。観世音菩薩とは、どのような因縁《いんねん》によって観世音と名づけられているのでしょうか」

お釈迦さまは、そこに集まった修行者を代表して、そうたずねた無尽意菩薩に、次のようにお告げになりました。

「仏の教えを信仰する、善《よ》き人よ。もし、世の中の数えきれないほどの迷える人々が、さまざまな苦悩を受けたとしても、観世音菩薩のお名前を一心《いっしん》にお唱《とな》えしたならば、観世音菩薩はその音声《おんじょう》を観《かん》じて、それらすべての人たちを苦悩から解放して、悟りに導き、救うのですよ。

もし、観世音菩薩のお名前を一心に唱えている人がいて、たとえその人が、大火《たいか》に見舞われて、そのなかに入ったとしても、けっして火に焼かれるようなことはありません。それは観世音菩薩の、偉大で不思議な力、つまり威神力《いじんりき》のおかげです。

もし、大水《おおみず》のなかに漂うことになったとしても、観世音菩薩のお名前をお唱えしたならば、ただちに浅瀬に近づくことができるでしょう。

もし、たくさんの人々がいて、金・銀・ルリ・シャコ貝・メノウ・サンゴ・コハク・真珠などの宝物を求めて、大海《たいかい》に出航をしたとき、空を暗くする暴風に遭遇《そうぐう》して、船が吹き流され、言葉も通じない食人鬼《しょくじんき》の住む国に漂着をしたとしても、そのなかにたとえ一人でも、観世音菩薩のお名前をお唱えするものがあれば、たくさんの人々はみな、苦悩から解放され、悟りに導かれ、救われるのです。

このような因縁があるので、観世音と名づけられているのですよ。

もし、ある人が殺害されるほどの災難にあいそうな場合であっても、観世音菩薩のお名前を唱えたら、加害者の持っている刀や杖《つえ》などの武器は、何回襲ってきても、そのつど、折れてしまい、その人は剣難から解放され、悟りに導かれ、救われるのです。

もし三千大千国土《さんぜんだいせんこくど》という広い世界がいっぱいになるほどの悪鬼《あっき》がやってきて、人々を苦しめて悩まそうとしても、観世音菩薩のお名前を唱える声を聞いたならば、もろもろの悪鬼はその人たちを、憎しみという悪い眼で見ることができなくなり、害を加えるようなこともありません。

また、もし人が、罪を犯していて、あるいは罪を犯していないのに、拘束《こうそく》されて、手かせ、足かせ、首かせで、その体をつながれたようなことがあっても、観世音菩薩のお名前を唱えるならば、かせがことごとく壊れて、ただちにその災難から解放され、悟りに導かれ、救われるのです。

もし、三千大千国土という広大な世界がいっぱいになるほど多くの盗賊がいて、そのなかを大商主が率《ひき》いるいろいろな商人たちが、それぞれ貴重な宝物を持って、隊商を組んで、難路を通過しようとするとき、その中の一人が、

『皆さん、なにも恐れることはありません。観世音菩薩のお名前を一心にお唱えさえすればよいのです。この菩薩は、私たちに、恐れのない心を授けてくださいます。観世音菩薩のお名前を唱えれば、この盗賊たちの恐怖から解放され、悟りに導かれ、救われるのです』

と言います。そこで、その言葉を聞いた商人たちがいっせいに『南無《なむ》観世音菩薩』と唱えるならば、観世音菩薩の功徳によって、一行《いっこう》は盗賊たちの危険から逃れることができるのですよ」

そうして、お釈迦さまは無尽意菩薩に向かって、「観世音菩薩の力は、このように偉大なのです」と言われたのです。

そして、さらにお話を続けられました。

「もし、人々のなかに、欲の多い人がいて、苦しんでいても、その人が常に観世音菩薩を念じ、つつしんで敬うならば、欲から離れることができます。

もし、人々のなかに、怒りの多い人がいて、苦しんでいても、その人が常に観世音菩薩を念じ、つつしんで敬うならば、怒りの心から離れることができます。

もし、人々のなかに、愚痴《ぐち》の多い人がいて、苦しんでいても、その人が常に観世音菩薩を念じ、つつしんで敬うならば、愚かな心から離れることができます。

無尽意菩薩よ。限りなく尊い観世音菩薩は、このように偉大な力を持っていて、たくさんの利益をもたらしてくださるのです。ですから、人々はいつでも観世音菩薩を心に念じるべきなのです。

もし女性が、男の子がほしいと思って、観世音菩薩に礼拝《らいはい》し、供養《くよう》をしたならば、福徳をそなえ、智恵に恵まれている男の子が授かるのです。

また、もし女の子がほしいと思うならば、かならず端《たん》正《せい》な顔立ちで、福徳をそなえているために、人々から愛されて敬われる女の子が授かります。

無尽意菩薩よ。観世音菩薩には、このような偉大な力があるのですよ。

もし、人々が観世音菩薩をつつしみ、敬い、礼拝をしたならば、せっかくの福分をむなしく捨てるようなことにはなりません。

ですから、人々はみな、観世音菩薩のお名前を一心に保ち続けているのがよいのです。

真理を求めてやまない、無尽意菩薩よ。もし、人々がいて、数限りない、無数の菩薩のお名前を唱え、飲食、衣服、寝具、医療、薬品などの供養をしたならば、そうした善き人々の功徳は多いでしょうか、あるいはそうではないでしょうか」

お釈迦さまの、その問いかけに対して、無尽意菩薩はこう申しあげました。

「はい、とても多いと思います」

そこで、お釈迦さまは、次のように告げられました。

「もし、ある人が観世音菩薩のお名前を一心に保ち続け、たくさんの供養をし、また別の人が、たったひとときであっても、心底《しんそこ》から礼拝・供養をしたとします。この二人の場合、福分はまったく平等であって、喜びが異なることはなく、そしてともに、永い間、尽きることはありません。

　無尽意菩薩よ。観世音菩薩のお名前を一心に保ち続けるならば、このような、限りなく計り知れない福徳が得られるのですよ」

　すると無尽意菩薩は、お釈迦さまに、こう質問をしました。

「観世音菩薩は、いったい、どのようにして、この悩みと苦しみに満ちた娑婆《しゃば》世界に来られて、どんなふうに人々に説法をされているのでしょうか。そして、その方法と力について、おたずね申し上げます」

　お釈迦さまは無尽意菩薩に、次のようにお答えになられました。

「仏の教えを信仰する、善き人よ。もし、この国に人々がいて、それらの人たちを仏の姿によって救うことができるならば、観世音菩薩はただちに仏の姿となって現れて、そのように法を説きます。

　一人で修行をする僧侶の姿によって救うことができる人々ならば、観世音菩薩はただちに一人で修行する僧侶の姿となって現れて、そのように法を説きます。

　仏の教えをよく聞く修行僧の姿によって救うことができる人々ならば、観世音菩薩はただちに仏の教えを聞く修行僧の姿となって現れて、そのように法を説きます。

　梵王《ぼんのう》（梵天《ぼんてん》、ブラフマー神）の姿によって救うことができる人々ならば、観世音菩薩はただちに梵王の姿となって現れて、そのように法を説きます。

　帝釈天《たいしゃくてん》（インドラ神）の姿によって救うことができる人々ならば、観世音菩薩はただちに帝釈天の姿となって現れて、そのように法を説きます。

　自在天（シヴァ神）の姿によって救うことができる人々ならば、観世音菩薩はただちに自在天の姿となって現れて、そのように法を説きます。

　大自在天（大シヴァ神）の姿によって救うことができる人々ならば、観世音菩薩はただちに大自在天の姿となって現れて、そのように法を説きます。

　天大将軍《てんだいしょうぐん》（仏法の守護神、韋駄天《いだてん》）の姿によって救うことができる人々ならば、観世音菩薩はただちに天大将軍の姿となって現れて、そのように法を説きます。

　毘沙門天《びしゃもんてん》（仏法を守護する武神）の姿によって救うことができる人々ならば、観世音菩薩はただちに毘沙門天の姿となって現れて、そのように法を説きます。

　小王（ふつうの王）の姿によって救うことができる

人々ならば、観世音菩薩はただちに小王の姿となって現れて、そのように法を説きます。

長者《ちょうじゃ》（大金持ち）の姿によって救うことができる人々ならば、観世音菩薩はただちに長者の姿となって現れて、そのように法を説きます。

居士《こじ》（仏教の信者）の姿によって救うことができる人々ならば、観世音菩薩はただちに居士の姿となって現れて、そのように法を説きます。

宰官《さいかん》（役人）の姿によって救うことができる人々ならば、観世音菩薩はただちに宰官の姿となって現れて、そのように法を説きます。

婆羅門《ばらもん》（バラモン、司祭者）の姿によって救うことができる人々ならば、ただちに婆羅門の姿となって現れて、そのように法を説きます。

比丘《びく》（男性の修行僧）・比丘尼《びくに》（女性の修行僧）・優婆塞《うばそく》（男性の信者）・優婆夷《うばい》（女性の信者）の姿によって、人々を救うことができるならば、観世音菩薩はただちに比丘・比丘尼・優婆塞・優婆夷の姿となって現れて、そのように法を説きます。

女性の長者、女性の居士、女性の宰官、女性の婆羅門の姿によって、人々を救うことができるならば、ただちに女性の姿となって現れて、そのように法を説きます。

男の子、女の子の姿によって、人々を救うことができるならば、観世音菩薩はただちに男の子、女の子の姿となって現れて、そのように法を説きます。

天（天界の神）、龍（龍神）、夜叉《やしゃ》（鬼神）、乾闥婆《けんだつば》（音楽の神）、阿修羅《あしゅら》（火の神、戦《たたか》いの神）、迦楼羅《かるら》（聖なる鳥・ガルーダ）、緊那羅《きんなら》（歌と踊りの神）、摩睺羅伽《まごらか》（蛇の姿をした音楽の神）、人非人《にんぴにん》（神や精霊）等の姿によって人々を救うことができるならば、観世音菩薩はただちにそれらの姿となって現れて、そのように法を説きます。

執金剛神《しゅうこんごうしん》（煩悩《ぼんのう》を砕く金剛杵《こんごうしょ》をもつ神）の姿によって、人々を救うことができるならば、ただちに執金剛神の姿となって現れて、そのように法を説きます。

無尽意菩薩よ。この観世音菩薩はこのような功徳《くどく》を成就《じょうじゅ》なさって、さまざまな姿に変化されて、さまざまな世界を広くめぐって、人々を救っているのです。したがって、あなた方は、まさに一心に、観世音菩薩を供養しなさい。

そうすれば、限りなく尊い観世音菩薩は、どんなに恐れに満ちた危険な難儀《なんぎ》の時でも、恐れを取り除いて、安らぎの心をもたらしてくれます。したがって、人間世界で、この観世音菩薩のことを、施無畏者《せむいしゃ》（恐れを取り除き、安らぎを与えてくださる方）とよんでいるのです」

無尽意菩薩は、お釈迦さまのお話をうかがって、こう申し上げました。

「世間に尊ばれているお方である、釈尊よ。私は今、まさに観世音菩薩を供養いたします」

そして、首に掛けていた百千両の金の価値がある宝珠《ほうじゅ》（尊い宝の珠《たま》）・瓔珞《ようらく》（首や胸の飾り物）をはずして、それを観世音菩薩に捧げて、こう申し上げました。

「すぐれたお方よ。この珍しい宝をお供《そな》えしますから、どうぞ受け取ってください」

そのとき、観世音菩薩はあえてお受け取りになりませんでした。

そこで、無尽意菩薩は再び、観世音菩薩に申し上げました。

「すぐれたお方よ。私たちのような仏心の乏《とぼ》しい者をあわれとおぼしめし、この瓔珞を受けてください」

そのとき、お釈迦さまが観世音菩薩に言われました。

「この無尽意菩薩、および比丘・比丘尼・優婆塞・優婆夷・天・龍・夜叉・乾闥婆・阿修羅・迦楼羅・緊那羅・摩睺羅伽・人非人などをあわれと思い、この瓔珞を受け取るのがよいでしょう」と。

すると、ただちに観世音菩薩は、比丘・比丘尼・優婆塞・優婆夷・天・龍・夜叉・乾闥婆・阿修羅・迦楼羅・緊那羅・摩睺羅伽・人非人などをあわれに思い、その瓔珞を受け、それを二つに分け、ひとつはお釈迦さまに奉り、もうひとつは（多宝如来がいらっしゃる）多宝仏の塔に奉りました。

「無尽意よ。観世音菩薩は、このように自在で不思議な力があって、人間世界を広くめぐって、人々を悟りに導き、救っているのですよ」

そう、お釈迦さまは告げられました。

まさにそのとき、無尽意菩薩は、真理を伝える詩の形式で、確認のために、お釈迦さまに再び質問をしました。

「世間に尊ばれているお方である、釈尊よ。あなたさまには、妙《たえ》なる特相がそなわっていらっしゃいます。

私は今、重ねて観世音菩薩のことをおたずね申し上げます。観世音菩薩とは、どんな因縁で、観世音と名づけられたのでしょうか」

妙なる特相がそなわっているお釈迦さまは、真理を伝える詩の形式で、無尽意菩薩に答えられました。

「無尽意よ、よく聴きなさい。観音のお働きは、もろもろの場所に応じて現れるものです。

その弘大な誓《ちか》いは海のごとく深く、人間の物差しでは考えられないほど、きわめて長い時間にわたります。

なぜならば、千億ほどの、無数の仏さまにお仕えして、すべての人々を苦悩から救う大清浄の願いを起こしたからです。

私は無尽意菩薩のために要約をして、真理を説いてまいりましょう。

観世音菩薩のお名前を聞き、そしてまた、そのお姿を見て、心に念じて、むなしく過ごさなければ、もろもろの苦しみを、すべて消滅することができるのですよ。

たとえ悪意を抱いて、殺そうと思っている者に、大きな火の穴のなかに、突き落とされても、かの観世音菩薩の偉大で不思議な力、つまり威神力《いじんりき》を念じるならば、その大きな火の穴も、池に変わってしまいます。

あるいは、大海原《おおうなばら》に漂流して、龍や魚やもろもろの悪い鬼の災難にあっても、かの観音の偉大で不思議な力を念じるならば、大波もその人を飲み込むことはできません。

あるいは、世界の中心にそびえ立つ須弥山《しゅみせん》の峯《みね》にいる者が、悪意を持った者に突き落とされても、かの観世音菩薩の偉大で不思議な力を念じるならば、太陽の姿になって、空中に浮かび上がります。

あるいは、悪人に追われて、けわしい金剛山《こんごうさん》から突き落とされても、かの観世音菩薩の偉大で不思議な力を念じるならば、髪の毛の一本すら損《そこな》われることはないでしょう。

あるいは、悪い賊に取り囲まれて、武器で危害を受けそうになっても、かの観世音菩薩の偉大で不思議な力を念じるならば、ただちに賊たちは、心がやわらぐことでしょう。

あるいは、悪い権力者によって災難にあい、苦しめられ、処刑されて命が尽きそうになっても、処刑人が手にする刀は次々と、いくつにも折れてしまうでしょう。

あるいは、捕らえられて、閉じ込められ、縛《しば》られて、手かせや足かせで、くくられても、かの観音の偉大で不思議な力を念じるならば、その責め苦から解放され、逃れることができるでしょう。

あるいは、まじないで呪《のろ》ったり、毒薬を飲ませて人の身を害そうとする者が現れたりしても、かの観世音菩薩の偉大で不思議な力を念じるならば、その呪いと毒薬は、逆に、それをほどこした本人に返っていくでしょう。

あるいは、悪い鬼、羅刹《らせつ》（大力《だいりき》の、人を食うといわれる鬼）、毒龍や、さまざまな幽霊に遭遇しても、かの観音の偉大で不思議な力を念じるならば、危害を加えることができないでしょう。

もし、猛獣に囲まれて、鋭い牙や爪で脅《おびや》かされても、かの観世音菩薩の偉大で不思議な力を念じるならば、すぐさま限りなく遠くに逃げ去ってしまうでしょう。

とかげ、毒蛇および、まむし、さそりといった、毒気《どくけ》が燃えさかるような火のなかにいても、かの観世音菩薩の偉大で不思議な力を念じるならば、それらはその声を聞き、みずから走り去ってしまうでしょう。

空がかきくもり、雷鳴がとどろき、稲妻《いなずま》が光り、雹《ひょう》が降り、大雨が降りしきっても、かの観世音菩薩の偉大で不思議な力を念じるならば、恐怖心はたちまち消え去ってしまうでしょう。

人々が行き詰まり、限りない苦悩が身に迫ってきたときでも、かの観音の偉大で不思議な力のおかげで、人間世界の苦悩から救ってくれるでしょう。

観世音菩薩は神通力《じんずうりき》をそなえておられ、広大な智恵で方法を示していて、あらゆる世界の、もろもろの国土で、そのお姿を現わさない場所はありません。

観世音菩薩は、もろもろの悪い所、そして地獄《じごく》、餓鬼《がき》、畜生《ちくしょう》の世界にまで行き、生きること、老いること、病気になること、死ぬこと、という四つの苦しみを、しだいにすべて消滅してくれるでしょう。

真実を観《み》ること、清らかに観ること、すぐれた智恵で観ること、哀れみをもって観ること、そして慈《いつく》しみをもって観ること、それらを常に願い、常に仰ぎ見ることが大切なのですよ。

無垢《むく》で清らかな光、太陽のような智恵の光は、世の中のもろもろの暗闇を突き抜けます。そして、災いの風や火などを防いで、人間社会をあまねく明るく照らし出すでしょう。

厳しい戒《かい》を守ってこそ得られた、雷を震《ふる》わせるほどの、慈しみの心は、美しい大雲《おおくも》のようであって、甘露《かんろ》（尊い霊液）の法の雨を降らして、煩悩《ぼんのう》の炎をすっかり消滅させてくれます。

訴訟《そしょう》で争っているときでも、戦闘のさなかで恐怖にさらされていても、かの観世音菩薩の偉大で不思議な力を念じるならば、すべての怨《うら》みは、ことごとく退散するでしょう。

観世音菩薩のすぐれた説法《せっぽう》の音声《おんじょう》は、無比の霊妙な音であり、無我の清浄な音であり、海鳴りのような、すべてを包み込む限りない音であり、社会の利害や損得を超越した音であります。したがって、いつでも観世音菩薩を念じるべきなのですよ。

常に念じて、一瞬たりとも、疑いを生じてはいけません。

観世音菩薩は清浄な聖者であって、苦悩や死や災厄《さいやく》において、それらを乗り越える最後のよりどころとなるでしょう。

観世音菩薩には、一切の功徳《くどく》がそなわり、慈しみをもって観る、その眼は、いつでも人々に注がれています。幸福をもたらす、その豊かな福分は海のように量《はか》りしれないものです。ですから礼拝《らいはい》し、供養すべきなのですよ」


このようにお釈迦さまがお話になられた、そのとき、持地《じじ》菩薩（地蔵菩薩）はただちに席から立ちあがりました。そして、お釈迦さまの前に進み出て、こう申されました。

「世間に尊ばれているお方である、釈尊よ。もし、人々がいて、この観世音菩薩の一節に説かれている、不思議な力の融通無碍《ゆうずうむげ》の働きについて聞こうとするならば、観世音菩薩はあらゆる場所にお姿を現わすに違いありません。そして、それを聞いた者の功徳はけっして少なくないことを知るでしょう」

お釈迦さまが、こうして観音経の普門品の真理をお説きになったとき、そこに集まっていた、たくさんの人々がすべて、この上ない最高の悟りを求めて、正しい道に向かうことを決意したのです。


（筆者の現代語訳）

ヨグマタ相川圭子（ヨグマタ　あいかわけいこ）

女性として史上初のシッダーマスター（サマディヨギ／ヒマラヤ大聖者の意）であり、世界で２人だけのシッダーマスターのひとり。ヨグマタとは「宇宙の母」の意。仏教やキリスト教の源流である、5000年を超える伝統をもつヒマラヤ秘教の正統な継承者。1986年、伝説の大聖者ハリババジに邂逅。標高5000メートルを超えるヒマラヤの秘境にて死を超える修行を重ね、神我一如に長いあいだ留まる「最終段階のサマディ（究極の悟り）」に到達し、究極の真理を悟る。1991～2007年のあいだに計18回、インド各地で世界平和と真理の証明のための公開サマディで４日間サマディに没入、その偉業はインド中の尊敬を集める。インド政府及び瞑想・ヨガの世界的な機関WORLD DEVELOPMENT PARLIAMENTから、「現代瞑想の母」の認定を受ける。2007年にはインド最大の霊性修行の協会ジュナ・アカラより、最高指導者の称号「マハ・マンダレシュワリ」を授かる。日本をはじめ欧米などで法話と祝福、シッダーディクシャの悟りのエネルギーと瞑想秘法の伝授を行い、真の幸福と悟りをガイド。日本では悟りのための瞑想合宿を開催。2016年６月と10月、2017年５月には、「国際ヨガデー」と関連して国連で開かれたイベントに主賓として招かれ、スピーチを行った。
著書には『宇宙に結ぶ「愛」と「叡智」』（講談社）、『心を手放す』（大和書房）、『瞑想のすすめ』（SBクリエイティブ）、『ヒマラヤ聖者の太陽になる言葉』（河出書房新社）、『ヒマラヤ大聖者のマインドフルネス』（幻冬舎）、『ヒマラヤ大聖者 愛の般若心経』（さくら舎）などがある。

〈問い合わせ先〉
ヨグマタ相川圭子主宰 サイエンス・オブ・エンライトメント
TEL：03-5773-9870（平日10時～20時）
ヨグマタ相川圭子公式ホームページ http://www.science.ne.jp

ヒマラヤ大聖者《だいせいじゃ》 慈愛《じあい》の力《ちから》 奇跡《きせき》の力《ちから》

――ヒマラヤ秘教《ひきょう》・ヒンドゥー教《きょう》・仏教《ぶっきょう》 出会《であ》いと生《い》き方《かた》

二〇一八年一月一一日　第一刷発行
二〇一八年六月　九　日　第四刷発行

著者　ヨグマタ相川圭子《あいかわけいこ》
発行者　古屋信吾
発行所　株式会社さくら舎　http://www.sakurasha.com
東京都千代田区富士見一-二-一一　〒一〇二-〇〇七一
電話　営業　〇三-五二一一-六五三三　FAX　〇三-五二一一-六四八一
編集　〇三-五二一一-六四八〇　振替　〇〇一九〇-八-四〇二〇六〇

装丁　石間　淳
写真　高山浩数
印刷・製本　中央精版印刷株式会社

ISBN978-4-86581-135-3